Schräge Heimat

Ute Friesen/Jan Thiemann

Schräge Heimat

Abgefahrene Sehenswürdigkeiten in Hessen

Mit Illustrationen von Susanne Kracht

THEISS

Widmung

Wir widmen dieses Buch Lydia-Lotte.
Wir danken dem Nachwuchs-Kuriositätenfotografen Sascha Thiemann.

Bibliografische Information der Deutschen Nationalbibliothek
Die Deutsche Nationalbibliothek verzeichnet diese Publikation in der Deutschen Nationalbibliografie; detaillierte bibliografische Daten sind im Internet über http://dnb.d-nb.de abrufbar.

Umschlaggestaltung: Susanne Kracht, Warmisried

Lektorat: Barbara Buchter, Neuenbürg
Kartografie: Peter Palm, Berlin
Satz und Gestaltung: DOPPELPUNKT, Stuttgart
Druck und Bindung: Betz-Druck, Darmstadt

ISBN 978-3-8062-2380-4

Besuchen Sie uns im Internet: www.theiss.de

Übersichtskarte

Inhalt

Vorwort

Liebe Kulturbeflissene und Kulturbanausen,
dieses Buch möchte sich an Sie alle richten. Das hat seinen Grund, denn Freude am Abseitigen, am Unerwarteten und Spleenigen hängt nicht vom Bildungsgrad oder Kunstverstand ab.
In Fulda haben wir auf der Tourismus-Information gefragt, ob es denn hier in der Stadt etwas Verrücktes oder Kurioses gebe. Die Dame am Schalter schaute uns irritiert an. Als wir Beispiele nannten, was wir suchen, reagierte die Fremdenverkehrs-Beraterin ablehnend. Ihre Stadt weise derart viele kulturell bedeutsame Orte auf, dass wir doch nicht unsere Zeit mit unbedeutendem Firlefanz verschwenden sollten. Sie nannte die offiziellen Highlights Fuldas.
Wir sind uns sicher, dass die Bonifatiusgruft im Fuldaer Dom nicht nur für Pilger besuchenswert ist und dass Hessen auch an anderen Orten Sehenswürdigkeiten erster Güte aufweist, egal, ob das Urpferd aus der Grube Messel im Senckenberg-museum in Frankfurt oder Gemälde von Peter Paul Rubens und Anton van Dyck in Kassel. Sie werden in diesem Führer nicht erwähnt. Das soll Sie, liebe Leserinnen und Leser, aber nicht davon abhalten, etwaige Bildungslücken zu schließen und die Meisterwerke der Baukunst, Malerei und Wissenschaft zu besichtigen – nein, nein! Aber gerade dem kulturinteressierten Reisenden ist zum Zweitreisebuch zu raten. Ein Besuch beim Dackel Kaiser Wilhelms II. (in diesem Buch erwähnt) lässt sich durchaus mit einem Besuch in der Kasseler Antikensammlung (in vielen anderen Büchern beschrieben) verbinden.
Was kulturabstinente Leser angeht: Ob Sie wollen oder nicht – die meisten unserer Ausflugsvorschläge enthalten ja doch ein Fünkchen Kultur, das in Ihnen vielleicht ein ungeahntes Feuer des Interesses entfacht ohne die Gefahr der kulturellen Reizüberflutung. Wer nach Bad Homburg fährt, um sich dort das in einem Frankfurter Schrank versteckte Wasserklosett anzusehen, muss automatisch auch durch die barocken Torportale treten. Wer das 50er-Jahre Museum in Büdingen besichtigt, wagt sich automatisch in eine der besterhaltenen mittelalterlichen Altstädte Deutschlands vor.
Hochkultur und Kurioses, Wegweisendes und Abseitiges schließen sich nicht aus. Haben Sie den Mut, sich am Ungewöhnlichen zu freuen, das Sonderbare zu genießen! Dieses Buch will Ihnen helfen, die schrägen Sehenswürdigkeiten Hessens zu finden, die noch in keinem Reiseführer stehen und doch neue, verblüffende Erlebnisse versprechen.

Ute Friesen und Jan Thiemann

Des Fürsten Holzbein und des Kaisers stilles Örtchen

Schloss Homburg in Bad Homburg vor der Höhe

Schloss Homburg war in der Landgrafschaft Hessen-Homburg die erste frühbarocke Residenzanlage nach dem Dreißigjährigen Krieg. Hier residierten bis 1866 die Hessen-Homburger Landgrafen, ab 1871 diente das Schloss als Sommerresidenz der deutschen Kaiser.

Aus verschiedenen Epochen sind auf Schloss Homburg Teile der Einrichtung erhalten – aber auch sehr persönliche Dinge aus dem Besitz der Landgrafen und der späten Bewohner, des Kaiserpaares Wilhelm II. und Auguste Viktoria.

Landgraf Friedrich II. war ein echter Haudegen. Er verlor bei der Belagerung von Kopenhagen 1659 sein rechtes Bein. Dies bescherte ihm zunächst nicht nur Schmerzen, weil es von einer Kanonenkugel abgerissen wurde, sondern auch Verdruss. Er war stinksauer, denn mit einem Bein kann man natürlich nicht ordentlich reiten und kämpfen erst recht nicht. Er war aber ganz wild darauf, wieder in den Krieg zu ziehen. So ließ er sich von seinem Hofarchitekten Paul Andrich ein neues Bein anfertigen. Kaum musste er nicht mehr auf einem Schinken hinken, zog er 1675 in die Schlacht von Fehrbellin und entschied die Schlacht für Preußen angeblich im Alleingang.

Sein Holzbein war dabei sicher eine große Hilfe, das fürstliche Bein war mit ausgeklügelten Federgelenken ausgestattet, die ihm das Reiten, Kämpfen zu Pferd und nach Feierabend das Treppensteigen ermöglichten. Man nennt es das silberne Bein, obwohl kein Stück daran aus Silber ist. Vielmehr geht man heute davon aus, dass der Hofarchitekt seine Entwicklung in Silber aufgewogen bekam. Es gab zu Lebzeiten des Landgrafen drei der Silberbeine, falls eines zur Inspektion musste oder der Fürst eines verlegte. Eines ist im Schloss heute noch zu bewundern, die beiden anderen sind verschollen.

Nachdem die Hohenzollern im deutschen Krieg 1866 die Herren auf Schloss Homburg geworden waren, wurde es zur Sommerresidenz der preußischen Könige, nach der Kaiserkrönung 1871 weilten Wilhelm II. und seine Frau Auguste Viktoria gerne in Bad Homburg. Der Kaiser hatte eine besondere Vorliebe für den Ort und das Schloss und wohnte mit Auguste Viktoria oft in den eigens für das Kaiserpaar eingerichteten Räumlichkeiten. Alles war für damalige Verhältnisse sehr modern ausgestattet, so konnten die Herrschaften via Überlandkabel mit dem Berliner Stadtschloss telefonieren. Die Verbindung war jedoch ziemlich schlecht, man

musste sehr laut sprechen. So wurde das Telefon standesgemäß in einen Frankfurter Kleiderschrank eingebaut, der eine gewisse Privatsphäre garantierte. Man stelle sich einen Kaiser vor, der im Schrank sitzt und lauthals telefoniert. Aber damals war das Hightech, sogar eine elektrische Lampe beleuchtete den Telefonschrank. Es war das erste elektrische Licht im Schloss.
Dass Kaiser Wilhelm II. etwas spleenig war, ist weithin bekannt. So kann man heute noch einige private Gegenstände von ihm im Schloss bewundern, wie zum Beispiel einen Reithocker vor dem Schreibpult. Der wie ein Reitsattel gestaltete Hocker ermöglichte dem Kaiser Schreibtischtätigkeit ohne Rückenbeschwerden.
Auch die Badestube des Kaisers ist erhalten: Im Jahre 1911 ließ er sich eine eichenvertäfelte Zinknickelwanne einbauen. Ob der Kaiser in der Wanne gelegentlich ein Liedchen sang oder ein Quietscheentchen besaß, ist nicht überliefert.
Das erste WC Deutschlands stand jedenfalls wohl in Bad Homburg. Landgräfin Elisabeth hatte in ihrem Schlafzimmer hinter einer marmorierten Tapetentür ein WC mit einem Kirschbaumsitz und Mahagoni-Brille einrichten lassen. Dieses Klo ließ das kaiserliche Ehepaar um 1900 erneuern und entsorgte die alte Sanitäranlage. Jedoch das stille Örtchen des Kaisers kann der geneigte Besucher betrachten, wenn auch nicht selber ausprobieren. Das Wasserklosett liegt dezent hinter der Front eines Schrankes verborgen, bei Kaisers war Schranksitzen ja sowieso üblich.

Adresse:
Schloss
61348 Bad Homburg

Öffnungszeiten:
Führungen durch den Königsflügel finden statt: März bis Oktober Di–So 10–16 Uhr stündlich; November bis Februar Di–So 10–15 Uhr stündlich.

Anfahrt mit öffentlichen Verkehrsmitteln:
Ab dem Bahnhof Bad Homburg mit dem Stadtbus Nr. 2 Richtung Eichenstahl oder mit dem Stadtbus Nr. 3 Richtung Kirtorf-Waldfriedhof bis zur Haltestelle „Kurhaus" (Fahrtzeit: 3 Min.).

Kuriositäten in der Nähe:
- Siamesischer Tempel in Bad Homburg.
- Meeresbewohnermosaik in Bad Vilbel

Immer schön Gummi geben!

Mausefallen und Kondomautomaten im Heimatmuseum in Bad König

Deutschland gilt als Land der Erfindungen – auch wenn nicht alle großen Erfinder ursprünglich deutschstämmig waren. Israel Fromm zum Beispiel war in Russland zur Welt gekommen und lebte dann als Ostjude in einem armen Stadtteil Berlins. Er besuchte zunächst Abendkurse in Gummi-Chemie und gründete 1914 in einer Ladenwohnung in Berlin-Prenzlauer Berg schließlich die Einmann-Firma „Israel Fromm, Fabrikations- und Verkaufsgeschäft für Parfümerie und Gummiwaren". 1916 war es dann soweit: Er schuf das erste Markenkondom. Er tauchte Glaskolben in eine flüssige Gummilösung und ließ die Gummihaut trocknen. Die neuen Gummis „isolieren nicht, das heißt, sie werden infolge ihrer seidenweichen Feinheit nicht als Fremdkörper empfunden", versprach die Werbung.

Bereits im Jahre 1928 erfand Israel Fromm den Kondomautomaten, der es dem Käufer ermöglichte, sich auch kurzfristig nach Schließung des Ladens für ein geschütztes Stelldichein zu entscheiden. Auf den ersten Automaten warb die Aufschrift: „Männer, schützt eure Gesundheit!" Die offene Werbung für Kondome war untersagt. Man fürchtete die Abnahme der Geburtenrate durch Kondome.

Die heute im Museum ausgestellten Kondomautomaten wurden offiziell für Kurgäste aufgestellt – ob auch Einheimische sich diskret bedienten? In Bad König standen den Kurschatten und Kurbeschattern Kondome der Marke Blausiegel und R3 zur Auswahl. Das Kondom „Naturkontakt" gab es im Dreiergebinde. Dies kostete 1 DM, der Dreierpack rosafarbener Überzieher 2 DM.

Doch das ist nur eine der Kuriositäten im Heimatmuseum von Bad König, denn es gab vormals noch andere Herausforderungen zu bewältigen. Während die Kondomautomaten die Vermehrung der Menschen in Bad König verlangsamt haben mag, mussten gegen die Überpopulation von Mäusen oder Ratten andere Maßnahmen ergriffen werden. Die vielen Fallen im Museum machen klar, dass man nicht nur bei uns den Mäusen missgönnt, mit den Menschen die Nahrung zu teilen. Da die Einführung der Hauskatze als Mäusefänger nur bedingten Erfolg brachte und die schnurrenden Jäger zwischenzeitlich vollgefressen und faul im Schatten ausruhten, kam der Mensch nicht um die Erfindung der Mausefalle herum. Diese konnte sich in aller Welt durchsetzen und so finden sich in dem bunten Sammelsurium des Heimatmuseums auch über 80 Mausefallen aus vielen Ländern. Es gibt russische, polnische, venezolanische, türkische, zypriotische, amerikanische, irische und tunesische Mausefallen zu bewundern. Darunter ist etwa ein automatischer Massenfänger aus Frankreich und Korbfallen, bei der die Maus in Drahtkuppeln oder kleinen Käfigen lebendig gefangen wird. Man kann sie so bei Bedarf in Nachbars Speisekammer wieder aussetzen. Die chinesische Falle hat ein Freund des Museums im Senegal erworben.

Sofort den Garaus macht den Plagegeistern die millionenfach bewährte Schlagfalle. Sie erfand der Brite James Henry Atkinson 1897. Das Original, der „little Nipper", ist ebenfalls in Bad König ausgestellt. Mittels eines Lockmittels werden die Tiere in die Falle gelockt. Beim Berühren des Köders schnellt ein Metallbügel auf das Mäuschen und bricht ihm im Idealfall das Genick. Diese Fallenart hat heute noch einen Marktanteil von über 60 Prozent. Die Auswahl des Köders in der Mausefalle ist schon eine Philosophie, der bekannte Käseköder soll gar nicht so erfolgreich sein, Fruchtköder gelten als erfolgversprechender, da diese den natürlichen Ernährungsgewohnheiten der *Mus musculus* eher entsprechen. Mancher Privatjäger schwört aber auch auf Trockenobst, Schokolade oder Lebkuchen. Traditionalisten sind nach wie vor überzeugt, dass man mit Speck Mäuse fängt.

In der heute aus Tierschutzgründen verbotenen Wasserfalle „Capito Original" aus der Wiesbaden-Dotzheimer Mausefallenfabrik Carl Bender ertrinkt der unglückliche Nager. Die Maus gelangt – verführt vom Köder – in eine vergitterte Kammer und löst die Falltüre aus. Der einzige mögliche Weg führt durch die Blechröhre schräg nach oben. Oben angekommen stürzt sie von einer Wippe in einen mit Was-

Aus die Maus!

Die Pest wütete im Mitteleuropa immer wieder. Der dritte große Pestausbruch 1346–1352 aber war von allen Epidemien die schlimmste. Um 1346 lebten in Europa, in Nordafrika und in den angrenzenden Regionen des Nahen Ostens ungefähr 100 Millionen Menschen. Ein Drittel von ihnen überlebte die Pest nicht. Der Ausgangspunkt der Pest befand sich in Zentralasien. Durch Pelzhändler gelangten die tödlichen Erreger im Jahre 1346 über verseuchte Murmeltierpelze, in denen Flöhe hausten, die wiederum das Blut infizierter Ratten gesaugt hatten, über die Seidenstraße und den Norden des Kaspischen Sees nach Astrachan. Von dort ging es weiter über Kaffa am Schwarzen Meer nach Konstantinopel, dem heutigen Istanbul. Im Sommer 1347 starben die ersten Opfer in Konstantinopel, auf den griechischen Inseln, an den Küsten Anatoliens und des Balkans. Nun verbreitete sie sich über Wanderratten in Windeseile nach Italien, Sizilien, rund ums Mittelmeer, nach Spanien, Frankreich, Polen, Russland und Deutschland. Zu der Erkenntnis, dass die Pest von Rattenflöhen und von Mensch zu Mensch übertragen werden kann, kam man erst im 19. Jahrhundert.

ser gefüllten Behälter. Dieses 1890 patentierte Mausefallenmodell war so erfolgreich, dass Carl Bender zeitweise 160 Mitarbeiter in der größten Mause- und Rattenfallenfabrik des 19. Jahrhunderts beschäftigte. Das Model Capito wurde praktisch unverändert von der Firma Wilmking bis 1970 produziert.
Aus Italien kommt der Rattenklebstoff, der besonders auf Schiffen Verwendung findet. Der bleibt auch an der Luft lange zäh. Die Ratte tritt auf dem Weg zum Köder in den ihn umgebenden Kleber, an dem sie wie auf einem Kaugummi festklebt. Da der Tod nicht sofort eintritt, ist der Kleber in Deutschland nicht erlaubt.
Auch Sie werden im Museum eine Weile als Besucher kleben bleiben, denn neben dem Genannten faszinieren auch alte Bandwurmmittel, Bettpfannen und Wärmflaschen, Nachttöpfe, eine Olympiauniform von 1936 und eine Tortenplatte, auf der sich Steine aus Franz-Joseph-Land befinden, den nach Kuriositäten hungrigen Besucher.

Adresse:
Heimatmuseum
Schlossplatz 3
64732 Bad König

Öffnungszeiten:
So 10.30–12 Uhr

Anfahrt mit öffentlichen Verkehrsmitteln:
Ab dem Bahnhof in Bad König mit dem Stadtbus 7 eine Station bis zur Bedarfshaltestelle „Am Bahndamm".

Kuriositäten in der Nähe:
- Villa Tramontana (mit Märchendekor) in Bad König
- Aus Strohballen gebautes Wohnhaus in Fürstengrund
- Der tiefste Brunnen in Hessen auf der Veste Otzberg

Abschreckender Empfang

Galgen in Beerfelden

Auf dem Hügel vor dem Ortseingang von Beerfelden, gerahmt von Findlingen, steht ein Galgen. Das war früher ganz normal, für die Beerfeldener ist es das heute noch. Die Richtstätte befindet sich in gutem Zustand. Darauf achtet man in Beerfelden. Es ist ein dreischläfriger Galgen, drei Balken ruhen auf ebenfalls drei Steinsäulen, die im Dreieck aufgestellt sind. Das war praktisch, denn so konnte man mehrere Leute auf einmal hinrichten. Die zum Tode durch den Strang verurteilten Gesetzesbrecher bekamen den Strick um den Hals, der Henker und seine Gehilfen hängten sie an die mit Eisenhaken bestückten Querbalken des Galgens und warteten, bis der Tod eintrat. Das ist eine qualvolle Art zu sterben, es dauert durchschnittlich 13 Minuten, bis man einen Erwachsenen so vom Leben zum Tode gebracht hat. Bei Kindern dauert es noch länger, sie sind leichter. Oft ließ man die Leichen zur Abschreckung und Mahnung dort hängen, Verwesung, Tiere und die Witterung besorgten den Rest. Neben Galgen befanden sich oft auch noch andere Vorrichtungen, wie ein Pfahl, auf dem man das Rad befestigen konnte, auf das Delinquenten gebunden wurden.

In Hessen ist die Todesstrafe übrigens nach wie vor Landesrecht, doch zum Glück bricht heutzutage Bundesrecht Landesrecht und in der Bundesrepublik ist die Todestrafe inzwischen abgeschafft. Man muss sich also nicht fürchten, wenn man Beerfelden besuchen will.

Der Galgen wurde 1597 errichtet und ersetzte einen Vorgänger von 1550, die letzte Hinrichtung fand 1804 statt. Eine Zigeunerin wurde wegen Diebstahls eines Huhnes und zweier Laibe Brot umgebracht. Dies ist auf einer Gedenktafel zu lesen, welche Beerfeldener neben dem Galgen angebracht haben. Hierauf wird auch ein im Boden eingelassenes Steinkreuz erwähnt, dort empfingen die zum Tode Verurteilten die Sterbesakramente. Auch wird auf der Gedenktafel schon in der Überschrift in großen Lettern darauf hingewiesen, dass es sich um den besterhaltenen dreischläfrigen Galgen Deutschlands handelt. Man kann sich des Eindrucks nicht erwehren, dass sich hier schon etwas Stolz darüber zeigt, so eine Besonderheit in der Ortsgemarkung zu haben.

Ja, man pflegt sie liebevoll, die Hinrichtungsstätten, stellt Parkbänke zum gemütlichen Verweilen auf und manche Gemeinde hat sogar schon einen Kinderspielplatz an einer solch gruseligen Stelle eingerichtet – Naherholungsziele kann es nie genug geben. Beerfelden hat jedoch bisher nur einen Parkplatz neben dem Galgen angelegt. Er nennt sich „Naturpark-Parkplatz Galgen“. Dort steht ein Stein, in den Folgendes eingemeißelt ist: „Dem Galgen galt Ihr Augenmerk, doch ist es sicherlich verkehrt, nun schnell in´s Auto einzusteigen und in die Ferne zu enteilen. Ein kur-

Wie gerädert

Auf dem Galgenhügel befand sich oft auch das Rad. Beim „Rädern“ – einer besonders grausamen Hinrichtungsmethode – wurden den Menschen nach einem genau vorgeschriebenen System die Knochen zerschmettert. Der Henker ließ das Rad auf die Glieder des Delinquenten herabfallen oder er zerschlug sie mit einer Eisenstange. Danach flocht man die zerschmetterten Arme und Beine in ein Rad ein! Das Wagenrad wurde nun horizontal auf einem Pflock befestigt und der meist schon Tote wurde sich selbst überlassen. Ein ungeschriebenes Gesetz besagte, dass ein nach drei Tagen noch lebender Verurteilter vom Rade abgenommen werden kann. Das kam aber so gut wie nie vor, oft bestach man sogar den Henker, das Rad „gnädig“ fallen zu lassen. So konnte man der armen Seele die allerschlimmsten Qualen ersparen. Für jede Hinrichtung wurde meist ein neues Rad benutzt, es wurde nicht wiederverwendet. Hier liegt auch der Ursprung für den Ausspruch: „Ich fühle mich wie gerädert“.

zer Weg, schwer fällt die Wahl, für Gaststätten in großer Zahl, auch viele Geschäfte laden ein, in unsere Stadt zum Stelldichein“.
Beerfelden ist heute also ein einladender Ort mit friedlichen Bewohnern, in dem es niemandem mehr an den Kragen, sondern höchstens an den Geldbeutel geht.

Adresse:
Stadt Beerfelden
Metzkeil 1
64743 Beerfelden

Galgen an der K47 zwischen Beerfelden und Airlenbach (Airlenbacher Straße)

Anfahrt mit öffentlichen Verkehrsmitteln:
Ab dem Bahnhof in Eberbach mit dem Bus 50 Richtung Michelstadt bis zur Haltestelle „Beerfelden Post“ (Fahrtzeit: 16 Min.).

Kuriositäten in der Nähe:
- Der Eutersee, auch im Sommer einer der kältesten Seen in Deutschland

Bescheidenheit ist eine Zier

Die genügsame Kiefer von Schloss Auerbach bei Bensheim

Alles auf Schloss Auerbach ist üppig – selbst ein Teil der die Treppen zum Turm hinaufkeuchenden Besucher. Üppig ist die Speisekarte mit Met und Wein, der mit Honig und Petersilie gewürzt wurde. Schloss Auerbach bietet Erlebnisgastronomie, verkleidete Reckinnen servieren und verkaufen Speiseeis. Die Gäste kommen zur Walpurgisnacht oder zum Rittermahl. Es wird getafelt, Äxte fliegen und Fackeln leuchten. Man erkennt gut, dass da jemand einen Marketingkurs besucht hat. Mit Erfolg, denn selbst an einem normalen Wochenende ohne Programm pilgern Familien in Richtung Schloss, das auf einem Hügel namens Melibokus bei Bensheim liegt. Der Blick über das Rheintal ist spektakulär. Die Präsentation ist spektakulös – und so wundert man sich, dass so etwas Bescheidenes wie eine Kiefer seit 300 Jahren

Kiefern

Kiefernholz stellt eines der am häufigsten und vielfältigsten verwendeten Nutzhölzer dar. Sein Harzreichtum und die daraus resultierende gute Witterungsbeständigkeit machen es zu einem bevorzugten Bauholz. Das Kernholz der Kiefer ist durch den Harzreichtum auch mit einem natürlichen Schutz gegen Schädlingsbefall ausgestattet.
Im Möbelbau findet die Kiefer als Massivholz oder als Furnierholz Verwendung, ihre lebhafte, helle Textur und die natürliche Ausstrahlung machen jedes Möbel aus Kiefernholz zu einem Unikat.
Der genügsame Baum wächst auch auf kargen Böden und in Gebirgsgegenden, das an solchen Standorten gewachsene Holz ist oft feinjährig, schwer und harzreich. Der Baum liefert hier aber keinen sehr hohen Holzertrag. Schneller gewachsene Kiefern sind industriell gut nutzbar, denn sie weisen weniger Äste auf, sind gerader und länger im Stamm. Das in der Kiefer entstehende Harz ist terpenhaltig, was für den typischen Geruch von Kiefernholz sorgt. Terpene können bei der Verarbeitung von Kiefernholz bei empfindlichen Personen zu Übelkeit und Schwindel führen; das Kiefernharz selbst kann bei Holzbearbeitungsmaschinen Sägeblätter oder Hobelmesser verkleben, deshalb werden dagegen spezielle Entharzungsmittel eingesetzt.

ohne gesicherte Nahrungs- und Getränkeversorgung auf der Burgmauer überdauert. 1674 zerstörten Franzosen die schon 39 Jahre zuvor ausgeplünderte Burg. Das französische Heer unter Marschall Turenne, der im Auftrag des Sonnenkönigs Ludwig XIV. dessen Reich noch weiter strahlen lassen sollte, vermutete auf der Burg zu Recht die geflohene Bevölkerung aus den in der Nähe liegenden Orten an der Bergstraße. Sie hatten hinter den vier Meter dicken Mauern Schutz gesucht, was ihnen wegen Turennes Zerstörungswut zum Verhängnis wurde.
Nach der endgültigen Zerstörung rupfte keiner mehr Unkraut und um diese Zeit muss ein Kiefernsamen auf die Mauer gefallen sein, der seine Würzelchen in den Sandstein zwängte. Sie ankern fest im porösen Stein. Kiefern haben eine immense Wurzelenergie. Sie drücken in die winzigsten Ritzen auf der Suche nach Nährstoffen. Der Stamm wurde dicker, die Krone breiter. Heute ist sie nur sieben Meter hoch, hat aber eine weit ausladende Schirmkrone, wie sie Kiefern auf kargem Untergrund, auf Felsen oder an Küsten ausbilden.
Wie hat es die Kiefer nun aber geschafft, auf dem gepflasterten Wehrgang über Jahrhunderte hinweg genug Feuchtigkeit zu bekommen? Die Auerbacher Kiefer hat einen Trick angewandt: Sie macht einfach aus Nebel Regen. An den spitzen Nadeln des Baumes bleiben bei Nebel Tropfen hängen, die dann über die Wachsschicht ablaufen und auf den Boden fallen. Hier saugen sie die Kieferwurzeln auf. Viel bekommt sie nicht und so ist sie recht klein geblieben und sieht aus wie ein Maxibonsai. Dass täglich Horden von Touristen über ihre Füße trampeln, scheint sie nicht zu erschüttern. Vielleicht haben sie ja sogar Nährstoffhaltiges an den Schuhen kleben.

Adresse:
Schloss Auerbach
Restaurations- und Veranstaltungs GmbH
Andreas Pietralla
(für Navigationssysteme: Ernst-Ludwig-Promenade)
64625 Bensheim-Auerbach

Öffnungszeiten:
Ruine täglich 10–17 Uhr geöffnet.

Anfahrt mit öffentlichen Verkehrsmitteln:
Ab dem Bahnhof in Bensheim mit dem Bus Nr. 669 Richtung Alsbach-Hähnlein bis zur Haltestelle „Auerbach Christuskirche“ (Fahrtzeit: 10 Min.).

Kuriositäten in der Nähe:
- Geldkette aus grün glitzernden Käferbeinen im Sparkassenmuseum Heppenheim
- Kängurus im Bergtierpark (!) Fürth/Odenwald

Saugfähig

Die Biebertaler Blutegelzucht

Keinen Ekel vor dem Egel! Auch wenn Sie vor einem Besuch der Zucht Bedenken haben, ob die kleinen Lebewesen mit dem großen Hunger sie nicht abstoßen: Am Ende würden Sie am liebsten einen der braunen, am Rücken individuell gemusterten Egel mit nach Hause nehmen und in einer Glaskugel auf den Schreibtisch setzen, wie es Manfred Roth, der Chef der Egel, in seinem Büro tut.

Die meisten der eleganten Schwimmer leben aber nicht neben dem Computer, sondern in Gewächshäusern, in denen Teiche angelegt wurden. Um jeden Teich ist wie bei einem Weidezaun eine elektrische Sperre angebracht, damit die sich schlängelnden Lebewesen nicht ausbüchsen. Sie sind amphibisch und kommen phasenweise auch ohne Wasser zurecht. Seit 1990 erproben die rund 30 Mitarbeiter der Zucht, die aus einer gemeinnützigen Berufsbildungseinrichtung hervorgegangen ist, welches Ambiente den Egeln am besten gefällt. Deren Lieblingsgewächs ist die Kanadische Wasserpest *Elodea Canadiensis*, an deren starren, zungenförmigen Blättchen die Egel ihre Haut abkratzen können. Egel häuten sich ein- bis zweimal pro Monat. Auf den Teichen liegen Matten. Auf ihnen legen die Egel ihre Kokons ab, aus denen Babyegel schlüpfen. Im Teich kann man sie schlecht sehen, doch Herr Roth führt Gäste gerne in den Babyraum, in dem winzige Egel in verschiedenen Entwicklungsstadien hinter Glas zu sehen sind. Drei Jahre lang müssen sie heranwachsen, ehe sie als Therapeuten einsetzbar sind.

Um möglichst viele Jungegel zu erhalten, probieren die Mitarbeiter Verschiedens-

Blutegels Geheimnis

Die Haut der Blutegel hat bemerkenswerte Eigenschaften: Als Schnittstelle zur Außenwelt mit den besonderen Anforderungen des Blutegellebens ist sie extrem dehnbar, zur Atmung fähig und eine Barriere gegen schädliche Substanzen und Infektionen. Sie dient der Osmoregulation sowie dem Stoffaustausch und der Arterkennung und funktioniert wie ein einziges, kompliziert gebautes Sinnesorgan. Die Haut des Egels kann mechanischen Attacken entgegenwirken, ihre Außenschicht (Cuticula) abstreifen, ist pigmentiert und dient so der Tarnung und kann schließlich der Austrocknung entgegenwirken und bei Überwinterung bzw. Sommerruhe schützen.

Atmung und Gasaustausch des Tieres erfolgen fast vollständig über die Haut und ein kapillares Netzwerk in der Cuticula. Sie reguliert darüber hinaus den Ein- bzw. Ausstrom von Wasser sowie in der Funktion eines Exkretionsorgans den Austausch von Ionen und Salzen.

tes aus. Unglaublich, aber auch Blutegel benötigen beim Liebesspiel absolute Ruhe. Besonders sexy finden sie es, sich zwischen Juli und Oktober im Rotlicht zu paaren, das deswegen im Kopulationsraum brennt. Jeder Egel ist zugleich Männchen und Weibchen und legt nach dem Vollzug seiner ehelichen Pflichten einen Kokon auf Torfmoos ab. Er wird wie ein Pullover abgestreift.

Noch reichen die eigenen, in Deutschland geborenen Egel nicht aus, um den Bedarf zu decken; es werden daher Migrantenblutegel in der Türkei angeworben. Sie werden 32 Wochen lang in der Egelzucht enkulturiert, ehe sie auf dem Markt angeboten werden. Für 5 Euro etwa bekommt man eines der Tiere in der Apotheke oder beim Arzt bzw. Therapeuten. Manche Krankenkassen zahlen die Behandlung. Die Zulassungsphase als Arzneimittel ist im Gang.

Die Tiere werden zur Behandlung von Bluthochdruck, Tinnitus, Arthrose, Rheuma, Gürtelrose, Furunkeln und vielen anderen Krankheiten eingesetzt. Schmerzhaft ist die Therapie nicht. Die Blutegel scheiden mit ihrem Speichel, der die Wunde 10 Stunden lang offen hält, Schmerz hemmende und antibakterielle Stoffe aus, weswegen man sich auch bei einem Egelbiss nie infizieren kann. Von kranken Eseln weiß man, dass sie sich bewusst in Teiche mit Egeln stellen, weil die Bisse ihre Gelenkschmerzen lindern. Bisher konnte der Egelspeichel nicht synthetisch hergestellt werden.

Adresse:
Dr. Manfred Roth
Biebertaler Blutegelzucht GmbH
Talweg 31
35444 Biebertal

Öffnungszeiten:
Ein Besuch ist fast immer nach telefonischer Anmeldung möglich,
Tel. 0 64 09 66 14 00.

Anfahrt mit öffentlichen Verkehrsmitteln:
Ab dem Bahnhof in Gießen mit dem Bus 420 Richtung Frankenbach bis zur Haltestelle „Hainaer Weg“ in Biebertal (Fahrtzeit: 20 Min.).

Kuriositäten in der Nähe:
- Die einzige in Deutschland erhaltene Kirche mit hufeisenförmiger Apsis in Altenvers
- Sülzkotelettschalen im Psychiatriemuseum Herborn
- Flugzeugküche in der Villa Grün in Dillenburg
- In die Kirchenbänke eingravierte Steuernummern in Günterod

Man benimmt sich wieder

Das 50er-Jahre-Museum in Büdingen

Omas und Opas versuchen im Museum in Büdingen zu Melodien von Peter Kraus aus der Musikbox den Enkeln zu erklären, wie das früher war, als sie jung waren. Viele heute komisch erscheinende Exponate geben darüber gegenständlich Auskunft. Die Ausstellungsräume sind wie Zimmer einer Wohnung angeordnet. Es wird ein Bad mit Elektroboiler und Duschbrause über der Badewanne gezeigt, daneben Hunderte Kosmetika aus vergangener Zeit. Die Küche mit Eckbank aus pastellbuntem Resopal ist mit Wetterhäuschen und Drahthenne für Eier dekoriert. An der mit dunkelgrünem Stoff bezogenen Wohnzimmergarnitur prangt noch das Preisschild. „Man benimmt sich wieder" lautet ein Buchtitel, der im 50er-Jahre-Museum in Büdingen ausgestellt ist. „Die gute Ehe", ein Beziehungsratgeber, liegt auf einem Sessel mit typischer Fußbank. Und die beiden Titel sind gut geeignet, um das Lebensgefühl der Fünfziger einzufangen, wie es das Museum versucht. Es ist eine Zeit der Rückkehr zur Moral, zur Häuslichkeit. Viele der Exponate zeigen den Rückzug in eine wieder heilere Welt nach dem Krieg, eine Idylle ohne Überfluss. Die Materialien sind einfach: Aus Pressspan wurden neue, trendige Möbel geschaffen. Modehefte zeigen, dass die Deutschen sich wieder moderne Kleider leisten konnte, aber man musste sie nach den Anleitungen von „Constanze Strickmoden" oder „Burdamoden" selbst stricken oder nähen. Das ausgestellte Handarbeitskörbchen fand sich in jedem Haushalt.

Heile Schlagerwelt

Die 1950er-Jahre waren eine Blütezeit des musikalischen Kitsches, was ein Superhit von Conny Froboess beweist:
Lieber Gott, lass die Sonne wieder scheinen, / für Mama, für Papa und für mich! / Alle Leute, die großen und die kleinen, / haben Sehnsucht nach Sonne wie ich.
Wenn die Wolken, die grauen, weiter weinen, / ja dann weine bald auch ich. / Darum lass doch die Sonne wieder scheinen, / für Mama, für Papa und für mich!
Häschen auf der Wiese, Vöglein auf dem Baum, / schauen in den Regen, träumen einen Traum. / Träumen, dass die Sonne lacht vom Himmelszelt / und mit ihren Strahlen glücklich macht die Welt.
Und Ochs und Kuh die machen „muh" im grünen, grünen Gras, / die armen Tiere sind ja pitschenaß! / Lieber Gott, lass die Sonne wieder scheinen, / für die Muh, für die Mäh und für mich. Alle Tiere, die großen und die kleinen, / haben Sehnsucht nach Sonne wie ich.

Hausbar, Brezelkatze und Tischgrill zeigen, dass das Leben der Menschen wieder entspannter und geselliger wurde, ohne dass viele Familien das Geld oder Lust gehabt hätten, mit den Freunden auszugehen. Man traf sich daheim im Wohnzimmer. Wenn man durch die Museumsräume wandelt, Bill Ramsey im Ohr, vorbei am originalen Jugendzimmer von Kinder-Filmstar Conny Froboess, ihrem rot-weißen Motorroller, Frisiercremes für die Dame und bunten Küchenbuffets, so packt ungewollt den Besucher dieses Nostalgiegefühl, die Sehnsucht nach einer vergangenen, froh in die Zukunft blickenden Zeit. Dieses Gefühl ist irreführend. Es gab in den 50ern in Deutschland immer noch Wohnungsnot, die ungelösten Konflikte zwischen dem Ost- und dem Westteil, ganz zu schweigen von der unbewältigten deutschen Vergangenheit – und doch scheint es eine Zeit ungebrochenen Zukunftsoptimismus gewesen zu sein. Ein Rowenta-Geschirrspüler und Sprühsahnekapseln versprachen Arbeitserleichterung und Komfort. Man verwendete Pommesschneider, um wie die Besatzer zu dinieren, pflegte sich mit Kaloderma Seifenblättern in rosa und Lippentupfern. Man erwarb Garniergeräte und wagte es, durchscheinende Nachtwäsche zu tragen. Fortschritt lag im Trend, es ging wieder bergauf.

Freizeit war noch rar in den 50ern; die durchschnittliche Arbeitszeit pro Woche betrug 1954 in der BRD 48,6 Stunden, Gewerkschaften kämpften mit Slogans wie „am Wochenende gehört Papi uns" für familienfreundlichere Wochenarbeitszeiten und doch entwickelte sich eine Freizeitkultur: Kinofilme zogen Tausende an. Singles der neuesten Schlager wurden gekauft und Prospekte wie der ausgestellte „Zauber des Südens" priesen Ferienreisen an.

Um Exotisches zu sehen, müssen Sie heute allerdings nicht weiter fahren als bis Büdingen.

Adresse:
50er-Jahre-Museum
Auf dem Damm 3
63654 Büdingen

Öffnungszeiten:
Von 1. Mai bis 31. Oktober Di–Sa 14–17 Uhr, So/Feiertage 10–17 Uhr;
von 1. November bis 30. April Di–Sa 15–17 Uhr, So/Feiertage 12–17 Uhr.

Anfahrt mit öffentlichen Verkehrsmitteln:
Ab dem Bahnhof in Büdingen mit dem Bus FB-24 Richtung Gedern bis Haltestelle „Mühltor" (Fahrtzeit: 3 Min.).

Kuriositäten in der Nähe:
- Blutschüsseln im Metzgermuseum in Büdingen
- Sandrosenmuseum in Büdingen

Auf kleinem Fuß durch die Geschichte der Mode

Richard Fenchels Miniaturschuhmuseum im Solms-Braunfelser Hof in Butzbach

Das Butzbacher Museum wurde 1894 als Altertümer- und Trachtenmuseum gegründet – kein Wunder gibt es dort wunderliche Klamotten. Nicht alle waren tragbar. Nie aufgesetzt wurden beispielsweise die Totenkronen, man stellte sie auf den Sarg von Kindern und Unverheirateten. Sie waren Ersatz für die Brautkrone, die die zu früh Verstorbene nie getragen hatte. Nach christlicher Auffassung war die Eheschließung für jeden Menschen notwendig. Teilweise wurden die Totenkronen aber auch als Lohn für die bewahrte Jungfräulichkeit angesehen. Die Totenkronen konnte man bei der Kirchengemeinde gegen eine Gebühr für die Begräbnisfeier ausleihen.

Ebenfalls nicht zum Tragen geeignet sind die Schuhe, die Richard und Emilie Fenchel über den Leisten geschlagen haben. Sie sind allesamt im Maßstab 1:3 angefertigt – und als Lauflernschuhe für Kleinkinder nicht zu gebrauchen. En miniature zeigen die winzigen Treter die Geschichte des Schuhs vom ledernen Bundschuh der Bronzezeit über den Krönungsschuh Karls des Großen hin zu Pumps mit Schleife, die man in den 1980er Jahren trug, falls man nicht unter Kniearthrose oder Hüftfehlstellungen litt.

Richard Fenchel war Industrieschuhmacher und blieb auch nach Feierabend bei seinen Leisten. Seinen ersten Miniaturschuh schenkte er seiner Verlobten 1936. Die bastelte später mit an den originalgetreuen Repliken und bestickte sie. In den folgenden 64 Jahren bis zu seinem Tod hatte der Gambacher die weltgrößte Miniaturschuhsammlung, die auch im Guinness-Buch der Rekorde erwähnt wird.

In den Vitrinen in Butzbach sieht man Schuhe aus den verschiedensten Materialien und zu verschiedensten Zwecken gefertigt. Sogar Armstrongs Astronautenschuhe sind dabei. Achten Sie bei einem Museumsbesuch in Butzbach auf bequemes Schuhwerk und freuen Sie sich, in der Zeit der Luftpolstersohle zu leben! Die Germanen trugen Bundschuhe, die aus einem Stück Leder bestanden, das über dem Knöchel zusammengebunden war. Die Sohle war nicht verstärkt und schon gar nicht gefedert. Die Bauern trugen diese Fußbekleidung noch in der Renaissance, als der Bundschuh zum Symbol der Bauernkrieger wurde.

Die besseren Leute wählten bereits im 14. und 15. Jahrhundert exquisitere Modelle, etwa den Schnabelschuh, der selbst in Miniatur ziemlich lang ist. Die lang gezogene Spitze wurde von den Trägern ausgestopft und nach oben gebogen. Je länger die Spitze, desto eleganter der Schuh – und desto schwerer das Gehen. Manche Träger banden deswegen die hohe Spitze unterhalb der Knie an den Beinen fest. Die Behörden fühlten sich genötigt einzuschreiten und verboten auch Fürsten Schuhspitzen mit über 75 cm Länge. Ein Argument: Die Schuhschnäbel seien beim Beten hinderlich, da man sich beim Niederknien piekse.

Obwohl im Mittelalter der Müll auf die Straße geworfen wurde und die Schweine die Müllabfuhr in den Gassen ersetzten, brauchten die feinen Leute um die kostbaren Schuhe nicht zu fürchten, sie trugen Trippen. Es handelt sich dabei um eine Art brückenförmigen Holzpantoffel für matschiges Gelände. Diese Überschuhe sind auch in Butzbach ausgestellt.

Als der Adel an Macht verlor und Kaufleute die Mode bestimmten, musste praktischeres Schuhwerk her. Die Schuhe werden vorne bequem und breit. Sie setzten sich durch, obwohl man die neue Mode zuerst als „Kuhmaulschuhe" verspottete.

Bis heute fürchten sich Männer vor großen Frauen, zumindest hat die 182 cm große Autorin dieses Textes diese Erfahrung schon häufiger machen müssen. Im Venedig des 16. Jahrhunderts hätte sie Glück gehabt, denn damals wollte jede Frau eine Riesin sein. Chopinen kamen in Mode, Pantoffeln auf bis zu 50 cm hohen Stelzen. Ohne stützendes Dienstpersonal konnten sich die Damen aber nicht mehr von der Stelle bewegen, bis der Kavalier mit seiner Gondel vorfuhr.

Adresse:
Museum der Stadt Butzbach im Solms-Braunfelser Hof
Färbgasse 16
35510 Butzbach

Öffnungszeiten:
Di–So 10–12 Uhr und 14–17 Uhr.

Anfahrt mit öffentlichen Verkehrsmitteln:
Von Marburg an der Lanh oder Frankfurt am Main mit dem Regionalexpress RE 25034 nach Butzbach (Fahrtzeit ab Marburg 50, ab Frankfurt 30 Min.), dann 5 Minuten zu Fuß die Bahnhofstraße entlang und links in die Färbgasse.

Kuriositäten in der Nähe:
- Bahnschlafwagen als Hotelzimmer in Gemünden – Hotel „Alter Bahnhof"
- Kameltrekking in der Karawanserei Llamera in Usingen (Taunus)

Tödliches Treiben

Trophäen und ein Nachtstuhl im Schloss Kranichstein bei Darmstadt

Man fühlt sich im Schloss Kranichstein gleich herzlich willkommen, denn schon im Treppenhaus schaut den Besucher ein ehemals junger, ausgestopfter Bär mit Glasaugen treuherzig an und hält ihm ein Tablett entgegen. Die Wand hinter dem Bärchen ist geschmückt mit einem Gemälde. Es zeigt eine Kuh, die traurig blickt. Kein Wunder ist sie melancholisch: Sie wird gerade von Jagdhunden zerrissen.

Dass Kühe und Bären nur einen Teil des Jagdwildes ausmachten, das der Landgraf Georg I. von Hessen-Darmstadt (1547–1596), die Jägerin Sophie-Eleonore (im Zweitberuf Landgräfin), der nach barocker Pracht jagende Landgraf Ernst-Ludwig und Ludwig VIII. (1691–1768), der sog. „Jagdlandgraf", schossen, sieht man an den zahlreichen Wildtrophäen auf nicht gerade naturgetreuen, geschnitzten Köpfen. Es scheint, als hätten alle Hirsche und Rehe abstehende Löffelohren. Doch nicht alle Hörner wurden an die Wand gehängt. Unter den Museumsexponaten befindet sich auch ein Tranchierbesteck mit Griffen aus Rehgehörn. Aus Russland stammt eine Pulverflasche, die aus einem Wisenthorn geschnitten wurde. Aus den Hauern von Wildschweinen wurden Obstschalen gefertigt.

Weil die hohen Adeligen nicht nur gerne jagten, sondern auch dabei liebend gerne zusahen, ohne Strapazen auf sich nehmen zu müssen, hat der Rondellsaal des Schlosses Fenster, von denen aus alle Waldschneisen einsehbar sind, durch die das Jagdwild dem Jäger zugetrieben wurde. An der Decke des Saales ist ein Putto mit

Gehetzt und getrieben

Ab Mitte des 16. Jahrhunderts begann die Zeit der großen Treibjagden. Die Landesherren beanspruchten die „Hohe Jagd" ganz für sich. Sie allein durften Adler, Kraniche, Luchse, Bären, Hirsche, Auerhähne und Wildschweine erlegen. Die Jagd wurde ein Hofzeremoniell, diente dem geselligen Vergnügen, wurde mit Festessen verbunden. Die Jäger präsentierten sich in festlichen Uniformen. Teilweise wurden, wie in Darmstadt, Jagdschlösser erbaut.
Der Park um Kranichstein ist ganz allein für Rondelljagden angelegt. In den Wald sind sternförmig Schneisen geschlagen, durch die das Wild zu den Jägern hingetrieben wurde. Dies erforderte einen großen Aufwand an Personal. Die Korridore wurden durch Tücher abgegrenzt. So kamen die Tiere nahe an die Schützen heran, die sich entweder hinter Jagdschirmen versteckt hielten oder das Wild von der Jägersburg herab erschossen.

Pausbacken angebracht. Er steht in Verbindung mit der Wetterfahne auf dem Dach und zeigte den Personen, die sich im Schloss aufhalten an, von wo der Wind weht, ohne dass sie sich dem Zug aussetzen mussten.

Der berühmteste Teil des Schlosses ist der Hirschgang. Hier hängen die Geweihe zweier Hirsche, die ihre Geweihe im Kampf so ineinander verkeilten, dass sie sich nicht trennen konnten und starben.

Auch sonst beweist die Galerie Freude am Skurrilen. Da hängen die Abwurfstangen des legendären Battenberger Hirsches mit 32 Enden. Diese Besonderheit rettete dem Hirsch das Leben. Er wurde nicht getötet, sondern gefangen, sodass man jedes Jahr die Geweihstangen aufsammeln konnte. Weniger gut erging es einem Hirsch mit Schlappohren, der irrtümlicher Weise trotz seines hündisch-niedlichen Aussehens erlegt wurde. Immerhin fanden ungewöhnliche Tiere besondere Beachtung. Der 1763 erlegte weiße Hirsch mit nur einseitig voll ausgebildetem Gehörn fand in einem Erinnerungsgemälde im Hirschsaal seinen Platz. Er soll trotz seiner Asymmetrie stark und gesund gewesen sein. Im gleichen Saal befindet sich unter üppigen Kronleuchtern eine ovale Tafel, an der die feinen Herrschaften dinierten. Und weil das, was in den Körper hineingeschoben wird, auch irgendwann wieder hinaus möchte, stand eine wandelbare „Commodität" zur Verfügung. Auf den ersten Blick sieht das Objekt aus wie dicke, kostbare, aufeinander gestapelte Bücher. Und in der Tat war dessen Hersteller der Hofbuchbinder Spoerschneider. Wenn man den obersten Deckel öffnet, kann man jedoch nicht den Lesehunger stillen, sondern auf elegante Weise Geschäfte erledigen, die keinen Aufschub dulden.

Adresse:
Stiftung Hessischer Jägerhof
Kranichsteiner Straße 261
64289 Darmstadt

Öffnungszeiten:
Sommer (1.4.–31.10.) Mi–Sa 13–18 Uhr, So/Feiertage 10–18 Uhr; Winter (1.11.–31.03.) Mi–Sa 14–17 Uhr, So/Feiertage 10–17 Uhr.

Anfahrt mit öffentlichen Verkehrsmitteln:
Ab der U-Bahn-Haltestelle Darmstadt-Kranichstein Siemensstraße oder ab den Bahnhöfen Messel oder Rödermark-Urberach mit dem Bus U bis Jagdschloss Kranichstein.

Kuriositäten in der Nähe:
- Hüttenkirche der Startbahngegner in Mörfelden
- Zucht von asiatischen Miniwildschweinen auf dem Friedrichshof in Groß-Gerau

Mahnende Motorblöcke

Das Flugzeugwrackmuseum in Ebsdorfergrund-Ebsdorf

Allein in den Landkreisen Gießen und Marburg stürzten während des Zweiten Weltkrieges 260 Flugzeuge ab. Was vom grauenhaften Luftkrieg dieser Zeit übrig blieb, liegt oft noch in hessischem Boden verborgen. Der eingetragene Verein „Initiative Fliegerschicksale Hessen e. V." hat sich zur Aufgabe gemacht, diesen dunklen Geschichtsabschnitt zu beleuchten.

Die Mitglieder des Vereins verbringen viel Freizeit damit, Fliegerschicksale aufzuklären, indem sie gemeinsam mit Kampfmittelräumdienst, Kriegsgräberfürsorge und oftmals auch dem THW die Wracks der abgestürzten Flugzeuge bergen. Aus Puzzleteilen der Geschichte entsteht so wieder ein klares Bild über die furchtbaren Kriegsgeschehnisse über Hessen. Nichts wird beschönigt oder heroisiert; in der Ausstellung des ersten deutschen Flugzeugwrackmuseums kann jeder betrachten, was von einem Militärflugzeug übrig bleibt, wenn es aus mehreren tausend Metern Höhe ungebremst zur Erde fällt. Bei einem Kampfflugzeug betrug der Abstand zwi-

Aufklärungsflüge nach dem Kriegsende

Nachdem das deutsche Reich im Mai 1945 kapituliert hatte, flogen Bomber der Amerikaner systematisch im Tiefflug über das ehemalige Reichsgebiet, um die Zerstörungen, welche dieselben Flugzeuge noch Wochen zuvor verursacht hatten, fotografisch zu dokumentieren. In Dreierformation, ausgerüstet mit Kameras, starteten sie zu 2013 „Trolley Missionen", um festzustellen, wie stark die Zerstörungen waren. Man wollte sich auch Klarheit darüber verschaffen, inwieweit es überhaupt möglich war, Deutschland wieder aufzubauen, Schwerpunkte legte man daher auf Industrieanlagen, Eisenbahnknotenpunkte und Flugplätze. Die „Fotobomber" flogen ihre Einsätze mit Offizieren als Aufpasser an Bord, um die Piloten in ihrem Siegestaumel davon abzuhalten, Unsinn zu machen.

Die Flüge fanden zwar unter strengen Auflagen statt, einige Piloten schlugen trotzdem über die Stränge. Bereits am ersten Tag der Aufklärungsflüge stürzte ein Bomber in der Nähe von Köln in die Reste einer Eisenbahnbrücke. Dabei starben alle 19 Besatzungsmitglieder. Das Fotomaterial wurde später zum Teil dem Kampfmittelräumdienst zur Verfügung gestellt, was heute auch den Mitgliedern vom Flugzeugwrackmuseum beim Auffinden von Absturzstellen hilft. Ein großer Teil der Bilder verschwand aber auch in Archiven oder Veteranenorganisationen.

schen Propeller und Cockpit ungefähr zwei Meter, nach dem Absturz nur noch fünfzig Zentimeter. Die Körper der getöteten Piloten wurden auf ein Drittel der ursprünglichen Körpergröße gestaucht, die Leichen der jungen Flieger vergingen oft nicht, das Flugbenzin konservierte ihre Leiber im Flugzeugwrack. Die Reste der Maschinen befinden sich vor der Bergung oft bis zu sieben Meter unter der Erdoberfläche.

Was oberirdisch von den Flugzeugen übrig blieb, verschrottete man in den Jahren nach dem Krieg – oder man verwendete es für zivile Zwecke weiter, im Museum kann man die Motorhaube einer ME 109 sehen, die als Hühnerstall diente, Zusatztanks wurden zu Kanus oder Futtertrögen, das Spornrad einer Mustang wurde für einen Schubkarren verwendet. Anhand der Fundstellen, Teilenummern und Zeugenberichte können wiederverwendete Wrackteile manchmal sogar genau den Maschinen und ihren Piloten zugeordnet werden. Das Spornrad der Mustang befand sich einmal an der Maschine von Walter Morgan.

Das Flugzeugwrackmuseum befindet sich nach wie vor im Aufbau. Die schon ausgestellten und mühevoll gereinigten Fundstücke werden so gezeigt, dass ein Zusammenhang mit den Schicksalen der getöteten Soldaten klar wird. Persönliche Gegenstände und Fotografien der toten Piloten sind ebenso zu sehen wie Motorblöcke und Propellergetriebe. Flugzeugmodelle werden ausgestellt, um zu verdeutlichen, wie die Kriegswaffen vor ihrer Zerstörung aussahen.

Im Museum wird bewusst darauf verzichtet, allzu plakativ Symbole der Nazis zu zeigen, denn eines sind die Museumsmacher bestimmt nicht: ewig Gestrige. Auf Besucher dieser Art reagieren sie geradezu allergisch, denn wie unsinnig und grausam der Tod junger Menschen im Krieg war und ist, haben sie spätestens durch ihre Grabungstätigkeit erfahren.

Adresse:
Flugzeugwrackmuseum der Initiative Fliegerschicksale Hessen e. V.
Hauptstraße 31c
35085 Ebsdorfergrund-Ebsdorf

Öffnungszeiten:
Von April bis September jeweils am 1. Sonntag im Monat 13–18 Uhr.
Oder nach Vereinbarung unter E-Mail: flugzeugwrackmuseum@web.de.

Anfahrt mit öffentlichen Verkehrsmitteln:
Ab dem Bahnhof in Fronhausen je nach Tageszeit entweder mit dem Bus MR 35 oder mit dem Anrufsammeltaxi MR Richtung Ebsdorfergrund-Heskem Schule (Anmeldung zur Sammeltaxifahrt bis 60 Min. vor Abfahrt unter Tel. 06421 205-500).

Kuriositäten in der Nähe:
• Vogeleiersammlung im Naturkundehaus Damm

Die Grenzen des Humors

Stille Örtchen, privates DDR-Museum und kleinstes Wirtshaus Hessens in Thaiden

„Der Kopf tut weh, die Füße stinken, es ist höchste Zeit ein Bier zu trinken!" steht als Motto im Garten der Familie Hohmann, die die Pension am Brunnen betreibt, welche kostengünstige Zimmer anbietet, wenn einen der Besuch des Geländes, Lachanfälle und der Konsum von Spirituosen zu sehr erschöpft hat.

Der Garten kann von jedermann betreten werden, nicht nur von Pensionsgästen. Nur für einen Specht endete der Besuch wohl tödlich. Er steht im Eingangsbereich unter einer Glasglocke, daneben ein Stein und die Aufschrift: Dieser Stein war mein Tod. Sehr lebendig ist hingegen Lassie, so der Name des Collies, der alle Gäste schwanzwedelnd und spielbereit begrüßt. Die Hündin besitzt ein großes, mit Rührquirlen verziertes Gartenhaus für sich, für das die Bezeichnung Hundehütte grobe Untertreibung wäre. Vermutlich ist es die einzige Hundeunterkunft mit Satellitenschüssel. Diese ist allerdings aus einem umgedrehten Topfdeckel und einer in dessen Mitte angebrachten, silbern lackierten Colaflasche hergestellt.

Im Garten steht ein großer Schilderbaum, der dem Besucher den Weg weist – etwa zum Bienenbrummen, zu der Schutzhütte für Männer in Not oder dem Hasenparadies, in das sich ein Plüschfuchs eingeschlichen hat, der ein Leibchen mit Werbung für die Bausparkasse Schwäbisch Hall trägt.

Am Kleintiergehege mit eigenem Wintergarten, in dem Laufenten, Hühner und Ziegen leben, prangt ein Schild: Hier gibt's nix zu meckern.

Zentrum des Gartens ist das kleinste Wirtshaus Hessens. Es ist achteckig. Man sitzt um eine Feuerstelle, auf der ein Topf mit Gulasch köchelt. Um Voranmeldung wird gebeten, damit die Wirtsleute schon rechtzeitig einheizen können. An der Decke hängt ein Bär, der auf Knopfdruck jodelt. In den Regalen stehen Sepplhüte und hochprozentige Humorika. Sicher wurden hier schon schenkelklopfend neue Ideen für die Gartengestaltung entwickelt.

Dem Besucher stehen, falls das Bier drückt, zwei Klosetts zur Verfügung. Das eine, eine rustikale Holztoilette, die mit dem Blick zum Heidelstein wirbt, beherbergt eine Sammlung an Sitzpinkelschildern. Das andere ist eine gelbe, ausrangierte Telefonzelle, in der unter Klosprüchen eine Pinkelrinne und ein Urintester angebracht sind. Eine zweite Zelle ist mit Engeln beklebt, zeigt gesammelte Telefone und ein Warnschild: Dieser Bereich ist videoüberwacht.

Wichtiger Teil des unkonventionellen Freilichtmuseum ist Hohmanns DDR-Ecke, eine Gedenkstätte für die früher 800 Meter von der Pension entfernt verlaufende deutsch-deutsche Grenze. An sie wird etwa durch ein Gitter erinnert, hinter

Leben am Rande

Die Rhön, die heute mitten in Deutschland liegt, war zwischen dem zweiten Weltkrieg und 1991 Zonenrandgebiet. So nannte man die 40 Kilometer entlang der Grenze zwischen den beiden deutschen Staaten. Die Menschen lebten hier ruhig. Seitdem die DDR begonnen hatte, ihre Grenzen nach Westen zu schließen, gab es keinen Durchgangsverkehr mehr. Keine Flugzeuge durften über den Grenzstreifen fliegen, es sei denn auf genau festgelegten Korridoren. Und auch Fabriklärm war selten, denn das Ende der westlichen Welt war für Unternehmen ein uninteressanter Standort.

dem ein Honeckerportrait angebracht ist – und durch zwei Spirituosenflaschen: Eine unscheinbare Bierpfandflasche ist gefüllt mit „Trinkbranntwein" von der Fruchtgroßverwertung Walter Eichhorn. Das Etikett einer Klarglasflasche verspricht „Campa – Kornerzeugnis mit der Frische sonnengereifter, ausgewählter Früchte", hergestellt von dem volkseigenen Betrieb Nordbrand Nordhausen. Es gibt Originalschilder zu sehen, die am Todesstreifen prangten, eine Lampe für unsichtbares Licht, ein Plakat über die Rangabzeichen in der Nationalen Volksarmee, Schallplatten mit der Hymne, eine Frisbeescheibe mit DDR-Fahne und sogar einen mit Rhönbierwerbung beklebten Trabant. Eine Gartenlaube zieren Ossiwitze und in einem Gaskocher kann man für den Aufbau West spenden. Teile der Grenzanlage durfte der Besitzer mit Einwilligung der Gemeinde abbauen und auf seinem Gelände aufstellen. Seitdem wird in seinem Garten auf vielen Schildern vor Minen und Sprengungen gewarnt, zu Recht, denn der Humor der Anlage ist nicht nur grenzwertig, sondern bietet auch Sprengstoff für Diskussionen über den rechten Umgang mit der politischen Vergangenheit.

Adresse:
Fam. Helmut und Ursula Hohmann
Hauptstr. 34
36115 Ehrenberg-Thaiden

Anfahrt mit öffentlichen Verkehrsmitteln:
Ab dem Zentralen Omnibusbahnhof in Fulda mit dem Bus 24 Richtung Wüstensachsen bis Haltestelle Thaiden (Fahrtzeit: ca. 45 Min.)

Kuriositäten in der Nähe:
- Schäferwagen als Hotelzimmer im Rhönschafhotel in Ehrenberg
- Livecamübertragung aus den Turmfalkennestern der Stadtkirche ins Naturmuseum in Tann (Rhön)

Vor dem Bildschirm

Ars Natura am Heiligenberg in Felsberg-Gensungen

Sitzen Sie auch süchtig vor dem Bildschirm und kommen nicht mehr an die frische Luft? Nun können Sie sich auch im Wald vor einen Bildschirm setzen. Der Künstler Dieter Utermöhlen hat einen alternativen Bildschirm aus dünnen, elastischen Ästen geschaffen. Aus ihnen hat er ein Rechteck geflochten, durch das man nicht fernsehen, aber fern sehen kann – auf Rapsfelder und sanfte Hügel. In dem Rechteck hängt ein ebenfalls geflochtener Schirm, der den Betrachter abschirmt – vor den Verlockungen des Fernsehprogramms.

Rechteckige Augen können Sie bei einem Waldbesuch auf dem mit X8 beschilderten Barbarossaweg auch vor anderen Objekten bekommen. Am Wegesrand stehen Kunstwerke, die sich in die Natur einfügen und zum genauen Sehen anregen, wie etwa die Bilderrahmen der Künstlerin Charlotte Utermöhlen aus Metall. Schaut man durch sie hindurch, so macht der Betrachter sich ein Bild von einem Detail, einer Wurzelkrümmung, einem Moospolster oder einem Baumblatt.

Blaue übermenschengroße Stühle stehen in der Nähe im Wald. Sie haben keine Sitzflächen. Sie sind um Baumstämme herum geschreinert, sodass es aussieht, als habe sich eine Baumschulklasse zum Morgenlied in einen Kreis gesetzt. Klobige

Fernwandern mit dem Kaiser

Der Barbarossaweg, der über 330 km weit für Wanderer durch Hessen und Thüringen ausgeschildert ist, führt vom Kyffhäuser bis Korbach. Die 15 Etappen sind zwischen 15 und 30 km lang. Der Fernwanderweg verbindet Orte, die Barbarossa – wie man den Kaiser des Heiligen Römischen Reiches, Friedrich I., nannte – besucht hat. Ein Hesse war Barbarossa nicht. Er wurde im heutigen Baden-Württemberg geboren und war 1147–1152 als Friedrich III. Herzog von Schwaben. 1155 wurde er Kaiser eines riesigen Reiches. Die Herrscher seiner Zeit hatten keinen festen Amtssitz. Sie mussten nach dem Amtsantritt alle Regionen besuchen und die dortigen Fürsten zur Treue verpflichten. Sie regierten mehr oder minder vom Sattel aus. Zum Kaiser gekrönt wurde Barbarossa in Rom. Während des dritten Kreuzzuges starb er in Kilikien, das heute zur Türkei gehört, damals aber Teil des Armenischen Königreichs von Kilikien war. In Hessen war Barbarossa aber wohl doch häufiger – auf der Boyneburg in Sontra und in der Kaiserpfalz in Gelnhausen.

Holzlibellen schwirren über eine verwunschene Lichtung.

Wie unvergänglich die Gedichte von Paul Celan sind, zeigen ein Wegabschnitt, in dem je ein Wort in Basalt-Stein gehauen ist. Tatjana Kurnatowski ist die Künstlerin, die das Gedicht zwar nicht erfahrbar macht, aber ergehbar. Verschlungene Waldwege führen auch zu einer hölzernen Gruppe Wartender von Martin Schaub. Ein Papi trägt sein Kind auf den Schultern, damit es besser sehen kann. Eine Jugendliche hat eine große Blume erwartungsvoll dorthin gedrückt, wo man bei der Statue das Herz vermutet. Ein alter Mann hat sich auf seinen Stock gestützt. Sie warten. Worauf eigentlich? Auf den Frühling, vermutlich. Und auf Sie, liebe Kunstkuriositätenkenner!

Der Kunstwanderweg am Heiligenberg ist übrigens nur der Anfang des Ars-Natura-Wanderwegs, der kontinuierlich weiter ausgebaut wird und irgendwann eine Länge von 700 km erreichen soll.

Adresse:
Stadtverwaltung Felsberg
Vernouillet-Allee 1
34587 Felsberg

Der Heiligenberg liegt zwischen Felsberg und Melsungen.

Anfahrt mit öffentlichen Verkehrsmitteln:
Ab Melsungen Bahnhof mit dem Anrufsammeltaxi 400 nach Heßlar.
Unter Tel. 01 80-2 00 44 36 kann man sich bis 30 Min. vor Abfahrt anmelden (Fahrtzeit: 10 Min.).

Kuriositäten in der Nähe:
- Werkstatt für Pfeifenunikate – unter anderem aus Jagdtrophäen – im Pfeifenlädchen in Edermünde-Besse
- Mittelpunkt Deutschlands (nach der Schnittpunktermittlung) in Edermünde-Besse

Ich bin einmalig

Das Ich-Denkmal am Mainufer von Frankfurt-Oberrad

Frankfurt ist die deutsche Hauptstadt der Bankgeschäfte. Frankfurt ist aber auch die Hauptstadt des Humors. Immerhin ist die „Titanic“ ein Schiff, das munter durch die Wogen der deutschen Politik schwimmt und das jeden Monat vom Main aus in die deutschen Kioske schippert. Die Redaktion des Satiremagazins hat ihren Sitz in der Sophienstraße 8. Die Zeitschrift ist stolz darauf, dass immer wieder Ausgaben verboten wurden. Das gehört zum Image der Komiker, die bewusst an den Grenzen des so genannten guten Geschmacks rütteln.

Zu den regelmäßigen Mitarbeitern der Titanic gehören und gehörten Walter Moers, der Schöpfer des „kleinen Arschlochs“ und des „Käpt'n Blaubärs“, Max Goldt, der Autor von so bewegenden Büchern wie „Mein äußerst schwer erziehbarer schwuler Schwager aus der Schweiz“, und Martin Sonneborn, der behauptet, die Fußball-WM 2006 durch einen Bestechungsversuch mit Kuckucksuhren nach Deutschland geholt zu haben. Gegründet wurde das Magazin von der Neuen Frankfurter Schule,

Neue Frankfurter Schule

Hans Traxel ist Mitglied der Neuen Frankfurter Schule. So ganz neu ist diese Schule allerdings nicht mehr. Fast 50 Jahre ist sie alt und ihr wurde sogar schon eine Ausstellung im Historischen Museum in Frankfurt gewidmet. Als Neue Frankfurter Schule bezeichnet man F. W. Bernstein, Bernd Eilert, Robert Gernhardt, Eckhard Henscheid, Peter Knorr, Chlodwig Poth, Hans Traxler und F. K. Waechter. Das sind heute reifere Herren. Robert Gernhard, der für Otto Waalkes Filmdrehbücher geschrieben hat, ist 2006 gestorben. Seine satirischen Gedichte sind sprachlich brillante Satiren, die die Gesellschaft und ihre Werte auf die Schippe nehmen. Chlodwig Poth, der am Ende seines Lebens erblindete Taugewas lebt nicht mehr und auch F. K. Waechter, der weit mehr als nur Eulen im Rollkragenpullover malte, ist inzwischen auf dem Frankfurter Hauptfriedhof beerdigt.

Die Neue Frankfurter Schule lehnte ihren Gruppennahmen an die Frankfurter Schule der Sozialwissenschaft an, also an Max Horkheimer und Theodor Wiesengrund Adorno, Erich Fromm und Ludwig Marcuse, die auf wissenschaftlichem Wege die Gesellschaft verändern wollten. Sie übertrugen die Ideen des Karl Marx in die Psychologie und Soziologie und gehörten zu den Vordenkern der 68er, die in Uniseminaren engagiert den eindimensionalen Menschen kritisierten. Auch die Neue Frankfurter Schule will gesellschaftlich Einfluss nehmen, mit teils schneidendem Humor und Gesellschaftssatire.

unter anderem von Hans Traxel, dem Karikaturisten, der besonders auch wegen seiner birnenförmigen Darstellungen eines ehemaligen deutschen Bundeskanzlers im Gedächtnis ist.

Und der hat sich am Mainufer nahe der Gerbermühle, in welcher der durch viele Statuen verewigte Johann Wolfgang von Goethe seinen 66. Geburtstag feierte, ein Denkmal gesetzt. Wenn wir es genau nehmen, nicht nur sich, sondern allen Menschen, denn:

„Jeder Mensch ist einzigartig.

Das gilt natürlich auch für alle Tiere.

Halten Sie es fest für immer. Hier."

So steht es auf einer Tafel neben dem aus Stein gehauenen Sockel, in den in goldenen Lettern „ICH" eingraviert ist. Jeder Passant kann drei Stufen erklimmen, sich auf dem Denkmal in Pose bringen und von vorbeieilenden Joggern, Radfahrern und den Hunden auf der angrenzenden Hundespielwiese bewundern lassen. Viele Besucher der Uferanlage lassen sich auch auf dem Sockel als Denkmal fotografieren. Neben dem Podest gibt es Vorschläge zur Selbstpräsentation. Das Denkmal lädt dazu ein, nachzudenken über sich: Wie sehe ich mich selbst? Wie gebe ich mich? Welches Bild von mir versuche ich in anderen zu erzeugen? Dieses Denkmal ist ein Denk-Mal im Wortsinne. Man steht oben mit Blick auf die große Werbung für Aurora-Mehl an einem Turm im gegenüberliegenden Osthafen und grübelt, ob man als Göttin der Morgenröte erstrahlen oder sich wie ein König in Herrscherpose werfen soll, ob als Visionär in die Ferne schauend, als Kokette Kokotte mit Sexappeal oder lieber in der wehenden Welterobererpose eines Napoleon.

Sie können ja mal überlegen, wie wir Kuriositätenforscher uns haben ablichten lassen …

Adresse:
Regionalpark Ballungsraum RheinMain GmbH
Wickerer Straße 8–10
65439 Flörsheim am Main

Öffnungszeiten:
Das Denkmal steht in der Mainuferanlage bei der Gerbermühle und ist ganztägig zugänglich.

Anfahrt mit öffentlichen Verkehrsmitteln:
Vom Hauptbahnhof in Frankfurt mit der Tram 16 Richtung Offenbach bis zum Stadtteil Oberrad, Haltestelle „Bleiweißstraße". Von dort durch Speckweg und Speckgasse zum Ufer des Main. Am Wochenende verkehrt auch die Museumsuferlinie und hält direkt am Rudererdorf.

Kuriositäten in der Nähe:
- Prothesensammlung in der orthopädischen Klinik in Frankfurt am Main

Mehr Eier durch Gack-Gack

Der Kolonialwarenladen in Frielendorf

Im Museumsladen gibt es nicht mehr viel zu kaufen, außer Schnaps und Himbeerbonbons – Letztere dürfen Kinder selbst abwiegen und an einer alten Registrierkasse bezahlen, das Tütchen zu einem Euro. Die meisten Waren sind inzwischen reine Dekoration, etwa das Buch „Ich weiß alles“, kein Lexikon, sondern ein rotes, dünnes Handbuch für Hausfrauen. Das Museum befindet sich im ehemaligen Laden der Familie Schröder. Hier gab es Lebensmittel, Tabak, Futter, Porzellan, Eisenwaren, Öfen und Herde. Das Sortiment war riesig. Der Laden lief gut, weil die Fuhrwerke, die nach Frielendorf kamen, um Kohlen zu holen, gleich auch noch andere Waren aus dem Bergbaudörflein mitgenommen haben. Meist ließen die Kunden im ausliegenden, dicken und wertvoll gebundenen Kassenbuch anschreiben und zahlten erst beim nächsten Besuch in Frielendorf.

Es gab in Frielendorf immer Kohle, aber nicht immer Knete, und selbst wenn man die hatte, war sie nicht immer etwas wert. Aus Zeiten des Mangels stammen die Lebensmittel- und Seifenkarten. Schwerstarbeiter im Bergbau bekamen etwas mehr als die Personen in anderen Berufen. Sie hatten sogar Anrecht auf echte Kernseife, wie sie im Museumsregal liegt. Einzelne Seifen wurden von einer Stange abgeschnitten. Wer weniger schwer arbeitete, durfte kein Dreckspatz sein, denn ihm standen im ersten Weltkrieg nur die ebenfalls vorhandenen raueren Tonseifen zu, die weder schäumten noch richtig wuschen. Die deutsche Kriegsseife bestand nur aus rund 20 Prozent Seife und 80 Prozent Tonerden. Die Importsperre und die Seeblockade hatten dazu geführt, dass Palmöl und Kokosfett aus den Tropen nicht mehr importiert werden konnte. Dieses war bevorzugt für die Seifenindustrie eingeführt worden. Und weil Lebensmittel knapp geworden waren, durften aus essbaren Fetten auch keine Seifen mehr produziert werden.

Fleisch und Eier gab es ab 1939 selten. Wohl dem der Hühner hatte. Im Laden liegt eine Papiertüte, die dem Käufer verspricht, dass die Hühner Dank des Mittels „Gack-Gack“ innerhalb von vier Jahren doppelt so viele Eier legen wie ihre Artgenossen. „Warum unnütze Fresser füttern? – Gack-Gack verkürzt die Mauser“, steht auf der Packung. Hühner, die nicht 2 bis 3 Wochen nach Verwendung von Gack-Gack legen, seien „entartet“ und als Legehennen nicht mehr zu verwenden! Uiuiui. Mittels dieses Mittels sind sicher nur braune Eier gelegt worden.

Der Inhalt eines weiteren Tütchens hilft aus Leinenresten Brautschuhe zu machen, indem man sie mit „Schuhweiß“ bestreicht.

In der Nachkriegszeit wurde die Arbeit im Bergbau nicht sauberer, aber immerhin die Kleidung. Im Regal steht Wit-Standard mit dem Warnhinweis: „Nur für grob verschmutzte Berufswäsche." Und Imi „für groben Schmutz".
Für das Sylvester-Feuerwerk bietet der Frielendorfer Laden Bengalische Zündhölzer und Spiritus-Glühkörper an, deren Verwendung sicher nicht weniger riskant war als die des elektrischen Kochers, bei dem in einem Ziegel Spiralen eingedrückt sind, in dem Glühdrähte verlaufen.
Auch handbemalte Knöpfe und ein Ackermann-Nähseiden-Sortiment, Porzellanwaren, Schlittschuhkufen, Erdal-Schuhcremedosen und gesüßte Kondensmilch in Tuben, Marmeladengläschen, Zigarrenkisten und ein Topf für Heringe „Marke Löwe" haben ihren Weg ins Museum gefunden. An den Wänden hängen Werbeschilder für Sanella die Feine – „Preiswert wie keine" und das Konkurrenzprodukt

Kernseife – selbst gemacht

Wenn Sie mal selbst Seife herstellen wollen, so empfehlen wir folgendes Rezept. Aber Achtung: Bitte setzen Sie eine Brille auf und ziehen Sie Gummihandschuhe an, damit Sie sich nicht verletzen, wenn es im Topf brodelt und zischt.
Kochen Sie 3 l Wasser, wobei Sie entweder Regenwasser oder auch destilliertes Wasser verwenden können. Verwenden Sie einen möglichst großen Topf aus Emaille oder Edelstahl, auf keinen Fall aber aus Aluminium. Lassen Sie nun 2 kg Schweineschmalz oder Talg darin schmelzen. Danach lösen Sie in einem zweiten Topf 390 g Ätznatron in einem Liter Regenwasser auf. Geben Sie unbedingt das Natron nach und nach in das Wasser, nicht umgekehrt! Lüften Sie gut und achten Sie darauf, nichts zu verschütten. Lassen Sie nun die Lauge langsam, langsam in das Fett fließen. Die Masse wird braun. Jetzt können Sie mit dem Stabmixer die entstehende Seife verquirlen. Nun wird's heiß, denn während die puddingartige Seife entsteht, erhitzt sie sich aufgrund der chemischen Reaktion selbst. Lassen Sie die Masse unter Rühren vorsichtig köcheln und achten Sie darauf, dass nichts überkocht. Rühren Sie eine halbe Stunde. Wenn alles Fett verseift ist, geben Sie 300 g Salz in den Topf und lassen die Masse wieder aufkochen, bis das Salzwasser von unten durch die Seife drückt. Nun muss man bei einer Obstkiste aus Holz Löcher in den Boden bohren, die Kiste mit einem Tuch auslegen und die Seifenmasse hinein geben. Die Lauge fängt man nur auf, falls man vorhat, aus dem Glyzerin, einem Abfallprodukt der Seifensiederei, Sprengstoff herzustellen – und dazu wollen wir nicht raten. Ansonsten kann man die Reste aber unbedenklich zum Restmüll geben.
Die entstandene Kernseife können Sie allerdings allenfalls dazu verwenden, sich Rastalocken zu machen. Sie sollten die Seife nämlich nicht lange auf der Haut lassen. Kernseife, die man kauft, ist mehrere Male gesalzen und gereinigt worden. Die Seife, die Sie hergestellt haben, ist nicht pflegend und sehr alkalisch.

Rama. Auf einer knallblauen Einkaufstasche prangt ein gelbrotes Quietscheentchen und der Slogan: „Pril entspannt das Wasser“.
In weiteren Räumen des Museums wird Frielendorfer Bergbaugeschichte anhand eines Playmobildioramas anschaulich gemacht. Schaufensterpuppen präsentieren die örtliche, schwarze, spitzmützige Tracht. Eine trägt ein süßes, helles Nichts aus Seide, jedoch einen üppigen Hut mit Kunstblumen. Die Fenster des ehemaligen Kaufhauses sind bemalt und imitieren Bleiverglasung.
Die Exponate stammen meist aus dem Besitz der Dorfbewohner. Verstirbt einer, bringen die Erben den Nachlass ins Museum, wobei viele Gegenstände einfach bei der Touristen-Information abgegeben werden – weshalb oft nicht mehr nachverfolgt werden kann, woher die Dinge stammen und wozu sie dienten. So geben manche Ausstellungsstücke sogar Frau Lange, der Vorsitzenden des Museumsvereins, Rätsel auf. Sie zeigt ein blaues Gestell mit Fußablage und einer Kerbe in Kniehöhe: War es zum Flachsschälen? Keiner weiß es.

Kolonialwarenläden

Viele Läden nannten sich zu Beginn des 20. Jahrhunderts Kolonialwarenladen – und manche haben diesen Namen sogar beibehalten, als Deutschland keine Kolonien mehr hatte. Es klang irgendwie schicker als „Tante-Emma-Laden“. Natürlich boten alle Kolonialwarenläden, wie der Laden in Frielendorf, Produkte aus Übersee an: Kakao, Kaffee, Schokolade, Tabak, Zigarren, Zigaretten und Tee, aber nur wenige beschränkten sich darauf. Nicht nur in Frielendorf, auch in anderen Orten wurden neben Kolonialwaren Stoffe, Seifen, Knöpfe und viele andere Dinge verkauft, sodass sie eigentlich nichts anderes als Gemischtwarenläden waren.

Ersatz

Während der Weltkriege, als die Läden fast leer und Importprodukte Luxus wahren, erfanden die Menschen Ersatzrezepte. Man gab sie weiter und fand sie sogar in Zeitungen. Magelware waren besonders Kaffee und Tee. Hier zwei Rezepte zum Ausprobieren:

Kaffee-Ersatz: Weizen- und Roggenbrotrinden in kleine Würfel schneiden (etwa Bohnengröße), sammeln und trocknen. Wenn genügen vorhanden sind, in einer Pfanne anbrennen. Etwas Butter in der Pfanne, falls vorhanden, steigert den Geschmack. Etwas geschälte und getrocknete Wegwartenwurzel (Zichorie) mitrösten. Alles zu Mehl zerreiben. Um den Kaffee zuzubereiten, kocht man das gebrannte Brotrindenmehl mit Wasser auf und schreckt die Mischung dann mit einer Tasse kaltem Wasser ab. So setzt sich das Brot am Gefäßboden ab und man kann den klaren, braunen Kaffeeersatz abgießen.

Schwarztee-Ersatz: Je ein Viertel Brombeer-, Himbeer-, Johannisbeer- und Stachelbeerblätter trocknen und zerreiben. Hieraus lässt sich Tee bereiten, der dem Schwarzen Tee im Geschmack ähnelt.

Adresse:
Museumsladen Frielendorf
Hauptstraße 51
32641 Frielendorf

Öffnungszeiten:
Di und Do 15–17 Uhr oder nach Vereinbarung mit dem Verkehrsbüro unter Tel. 0 56 84 78 27.

Anfahrt mit öffentlichen Verkehrsmitteln:
Ab dem Bahnhof Treysa-Schwalmstadt wochentags mit dem Bus 453 Richtung Homberg (Efze) bis Frielendorf, samstags mit dem Anrufsammeltaxi 453 (Anmeldung der Fahrt bis 30 Minuten vor Abfahrt unter Tel. 0 56 81 60 88 70).

Kuriositäten in der Nähe:
- Mausefallensammlung im Museum der Schwalm in Schwalmstadt-Ziegenhain
- Meteorit in Schwalmstadt-Treysa
- Aquagolf in Borken
- Weltgrößte Sauerkrautfabrik in Fritzlar

Beherzte Kinder

Begehbares Herz in der Kinderakademie Fulda

Schon im Foyer wird klar, dass hier Kinder das Sagen haben. Rasselbanden wüten quasselnd und lärmend in freudiger Erwartung auf die Führung durch die Kinderakademie in Fulda. Gut: Das erhöht ihre Herzfrequenz auf bis zu 180 Schläge pro Minute. Alles hier ist barrierefrei angelegt und lustig bunt gestaltet. Die Toilettenanlagen sind sogar mit von Kindern in Keramikworkshops bemalten Fliesen gekachelt. Ein Shop bietet themenbezogenes Lernspielzeug, je nach Saison findet auch der Osterhase als Kuscheltier oder der Weihnachtsmann seinen Platz im Laden.
Eine nette, kindgerechte Cafeteria mit bunt bemalter Bestuhlung bietet Stärkendes für die Kids und Nervennahrung für die Großen – und Getränke, denn das lernt man in der Kinderakademie: Genug zu trinken ist wichtig für's Herz!
Spielangebote wie ein Kaufladen oder ein Sandkasten im Außenbereich verkürzen den Kurzen die Wartezeit auf die nächste Tour durch das Herzstück des Museums: das begehbare Herz ...
Ferienzeit ist Kinderakademiezeit. Aus diesem Grund ist eine Anmeldung vor dem Besuch der KAF unbedingt notwendig, wenn man an einer Führung teilnehmen möchte.
Wenn die Akademie die Türen zum künstlichen Herzen öffnet, verteilen sich Familien und Kindergruppen schnell auf den Stühlen und den als Blutblättchen gestalteten Kissen im blaurot-ausgeleuchteten Herzzimmer. Das begehbare Herz wurde gefördert von der deutschen Herzstiftung, die hier dafür sorgt, dass der Dreikäsehoch im Anschluss an die Führung seinem Papi das Rauchen verbietet und einen

Schmackhafte Herzanatomie

Man kann natürlich auch die Elemente eines Herzens an einem Säugetierherz untersuchen. So kann man beim Essen und Kochen nicht nur an Gewicht, sondern auch an Wissen zunehmen. Von einem Rinderherz, das immerhin etwa 1,5 kg wiegt, wird die ganze Familie satt. Schneiden Sie es am Besten zuerst in der Mitte durch. Nun können Sie die Arterien und Venen gut erkennen. Da sie ziemlich schwer zu kauen sind, sollten Sie sie vor dem Kochen herausschneiden. Mit Karotte, Sellerie, Lauch und einem Lorbeerblatt gekocht und in Rotweinsoße serviert, ist es dann ein schmackhaftes Gericht.

großen Umweg um jedes Fastfoodlokal macht, denn in der Führung erfährt man genau, welche Adern bei falscher Lebensweise absterben und warum das zum Herzinfarkt führen kann.

Das menschliche Herz, das nur die Größe einer Faust hat, ist vergrößert nachgebaut. Wer nach einem Herz aus Gold sucht, ist in Fulda falsch. Das begehbare Herz besteht aus Pappe, Holz, Styropor und Kunstharz. Von außen sieht das Modell unseres lebensnotwendigen Hohlmuskels imposant aus. Es ist fast sechs Meter hoch und nicht herzig: Man sieht Adern um einen rosa Klumpen. Steigt man wie eine Reihe von Blutkörperchen unten von der Hohlvene aus ein, kommt man in einen etwas rutschigen, rötlich-blauen Raum, in dem man das Geräusch des Öffnens und Schließen der Herzklappen hört. An den Segelklappen kann sich das teils blutjunge Publikum beim Aufstieg festhalten, bei dem es mit den Füßen in kleinen Ausbuchtungen Halt findet. Diese dienen im richtigen Leben dazu, das Volumen der Herzkammern schnell zu verändern, wenn sie sich zusammenzieht. Die Besucher gelangen oben, wo sich die Adern zur Lunge befinden, an einer Rutschstange von der rechten in die linke Herzkammer und verlassen das Herz über die obere Hohlvene. Die Kinder dürfen nach der Begehung Kniebeugen machen und dann mit Stethoskopen ihren eigenen Herzschlag hören.

Zerrspiegel, eine Kamera Obscura und Tonexperimente kann man auch ohne Termin testen. Wissenschaft kann in der Kinderakademie zum spannenden Erlebnis werden, wenn es zum Beispiel um Energie geht und Kinder selbst welche erzeugen oder Feuer in einem selbst gebauten Ofen entfachen können.

Adresse:
Kinder-Akademie Fulda gGmbH
Mehlerstraße 4
36043 Fulda

Öffnungszeiten:
Mo–Fr 10–17.30 Uhr, Sa und So 13–17.30 Uhr (Oktober–April). Die Besichtigung des „Begehbaren Herzens" ist nur mit Führung möglich (Anmeldung empfohlen).
Führungen sind: Mo–Fr um 16 Uhr, So um 14, 15 und 16 Uhr, Sa um 15 und 16 Uhr (Oktober–April), in den hessischen Schulferien Mo–Fr um 12 und 16 Uhr.
Führungen für Schulklassen und Gruppen nach telefonischer Anmeldung (montags bis freitags zwischen 9 und 17 Uhr, Tel. 06 61 90 27 30).

Anfahrt mit öffentlichen Verkehrsmitteln:
Vom Bahnhof Fulda mit den Bussen Linie 1 (Richtung Künzell), 5 (Richtung Pilgerzell) oder 7 (Richtung Engelhelms) bis Haltestelle „Ellerstraße" (Fahrtzeit: 4 Min.).

Kuriositäten in der Nähe:
- Modelleisenbahnwelt der 60er Jahre in Künzell

Strittig-Mittig

Die Mitte Europas in Gelnhausen-Meerholz

Wo liegt die Mitte Europas? Wenn man es politisch sieht, muss man sich wohl für Brüssel oder Straßburg entscheiden, aber geografisch? Europa scheint fast so viele Mitten wie Nationen zu beherbergen. Die meisten befinden sich in Polen, aber auch Hessen macht mit beim Wettbewerb um die zentralste Stelle. Zuerst kommt es natürlich darauf an, wie man Europa definiert. Nimmt man Europa als Kontinent, so behauptet Rahiv in der Ukraine, eine Kleinstadt im transkarpatischen Urwald, wo sich Luchs und Feuersalamander „Gute Nacht" sagen, der zentral gelegene Ort zu sein. An einem Stein nahe des Hauses, in dem Dioramen über die Vegetation des Nationalparks informieren und an dem sich die Linienbusse von der rumänischen Grenze aus vorbeischlängeln, steht in kyrillischen Buchstaben, dies sei die Mitte. Wenn man schon nicht behaupten will, sich im Mittelpunkt der Welt zu befinden, so behauptet Gelnhausen immerhin, der Mittelpunkt der EU zu sein. Wie genau das ermittelt wurde, steht auf dem einem Mühlstein ähnelnden Steindenkmal nicht, auf dem Kerben die Richtung hin zu den Partnerländern weisen und eine Friedenstaube aus Messing die Hoffnung auf ein harmonisches Miteinander versinnbildlicht. Schließlich ist die EU kein Kreis oder Quadrat, bei dem man einfach zwei Diagonalen zeichnen und deren Schnittpunkt bestimmen kann. Erhält man Gelnhausen als Mitte, wenn man versucht den Punkt zu finden, an dem man Europa aufspießen müsste, damit es im Gleichgewicht bliebe? Oder hat man je den nördlichsten und den südlichsten und den östlichsten und den westlichsten Punkt der Mitgliedsstaaten der europäischen Union verbunden und die Mitte der Strecken abgemessen? Das Gehirn der Wanderer wird nicht mit mathematischen Berechnungen gequält, sondern man hat sich entschieden, dass die Besucher des

Filmtipp: Stanislaw Muchas „Die Mitte"

Ein wunderbarer, informativer und zugleich humorvoller Film über die verschiedenen Orte, die sich als Europas Mitte ansehen, ist dem Regisseur Stanislaw Mucha gelungen. Er nimmt seine Interviewpartner ernst und doch ist der Film durch und durch komisch. Das Filmteam war in Krahule in der slowakischen Republik, im polnischen Krutno, im aus anderem Kontext bekannten Braunau am Inn und in Purnuskes in Litauen. Der Film, der die Mitte zu zeigen vorgibt, begibt sich dabei in Randgebiete und zeigt das Leben in den abseitigsten Gebieten in Europa. Gelnhausen ist nicht dabei.

hinter dem Wasserhochbehälter und vor einem Waldstück angelegten Rastplatzes keiner genauen Information bedürfen, warum man die Mitte hierher definiert hat. So ist das in der EU!

Der Wanderer kann sich auf eine der im Halbkreis gruppierten Bänke, die der Interessenverband IG Meerholz Mitte aufgestellt hat, unter die arg zerrissenen Fahnen setzten und darüber sinnieren, ob es Zufall ist, dass die Europafahne zerfetzter ist als die in Schwarz-Rot-Gold, oder sich auf der europablauen Europäischen-Zentral-Ruhe-Bank etwas abseits Gedanken darüber machen, ob Europa denn vielleicht im übertragenen Sinne auch schon seine Mitte gefunden hat und wohin die Mitte weiterwandert, sollte man die Türkei in den elitären Kreis aufnehmen.

Adresse:
Bürgerservice Gelnhausen-Meerholz
Hanauer Landstraße 5
63571 Gelnhausen-Meerholz

Anfahrt mit öffentlichen Verkehrsmitteln:
Ab dem Bahnhof Gelnhausen-Hailer-Meerholz mit dem Bus MKK 62 Richtung Meerholz bis zur Haltestelle Schwarzerlich (Fahrtzeit: 10 Min.).

Kuriositäten in der Nähe:
- Ausstellung nachgebauter Folterinstrumente im Hexenturm in Gelnhausen

Verlorene Eier

Die Urologie in Gießen

Es gibt Krankenhausflure, in denen hängen Pflanzenbilder in Pastellkreiden oder Fischdarstellungen in Tempera. In der Urologie in Gießen scheint man auf eine Mischung aus Aufklärung und Gruseln zu setzen. Wenn man hinter dem modernen Klinikgebäude mit großer Glasfassade hinauf in die Station 20 fährt, erwarten den Besucher zwar die üblichen Wartebereiche, doch sind die Wände geschmückt mit Kopien von Zeichnungen, die Pinkelnde zeigen, und medizinischen Darstellungen aus vergangenen Jahrhunderten, in denen Operationen schmerzhafter waren und die Instrumente Foltergeräten ähnlich sahen.

In einer Vitrine werden Implantate für den Herrn gezeigt: Für den Mann, dem ein Ei abhanden kam, kommt die mit Kochsalz gefüllte Hodenprothese in Frage, eine Art ovales Bläschen. Ausgestellt wird auch eine gekrümmte Penishülse und eine semirigide Penisprothese – wie es auf der Beschreibung steht. Sie wird kaum mehr verwendet, da für manchen Mann der dauerhaft versteifte Penis nicht komfortabel ist – obwohl er sich in jede gewünschte Richtung biegen lässt, also „trimmbar" ist, wie das Schildchen verspricht.

Daneben liegt die aufblasbare Dreikammer-Penisprothese, für die sich 80 Prozent der Patienten entscheiden. Der Tank sieht zwar im Schaukasten aus wie ein zerdrücktes, vergilbtes Kosmetikprobenfläschchen. Die Gerätschaft wirkt nicht aufreizend-erotisch, ist aber wohl für das Glück zu zweit eine wahre Hilfe. Ein entscheidender Vorteil der hydraulischen Penisprothesen, wenn sie sich in einem Körper befinden, ist, dass der Penis nur dann versteift, wenn es gewünscht ist. Der Herr muss dafür nur eine von außen unsichtbare, aber leicht zu ertastende Pumpe im Hodensack bedienen. Flüssigkeit wird vom Hodensack in die in die Schwellkörper eingebrachten Plastik-Zylinder gepresst. Der Pimmel wird steif. Die Empfindungen bei dieser Prothesenart entsprechen weitgehend den natürlichen Gefühlen bei der Vereinigung der Liebenden, sowohl beim Mann als auch bei der Frau, weshalb viele Paare diese Prothesenart bevorzugen. Vielleicht sollen die so öffentlich gezeigten, künstlichen Körperteile Paaren im Wartebereich zu einem ungezwungenen Plausch über Potenzprobleme anregen.

Höhepunkt der Kollektion in den Vitrinen ist die Sammlung der Harnsteine, etwa der Nierenbeckenausgussstein, der wegen seiner verzweigten, extravaganten Form nicht zu Unrecht auch den Namen Korallenstein trägt und das ganze Nierenbecken ausfüllen kann. Manche Harnsteine erinnern in Farbe und Form an ein Stück Seife, andere an flache Flusskiesel, die man auf dem Wasser hüpfen lassen kann, der schönste aber changiert in Rot- und Gelbtönen und hat die Form eines kugeligen Seeigels.

Unterschiedliche Farben und Formen bei Harnsteinen

Kalziumsteine: Die an Knochen erinnernden Kalziumsteine werden oft im Sommer bei Menschen gebildet, die zwar viel schwitzen, aber nicht genügend trinken. Sie sind auch bei Frauen in den Wechseljahren häufig, weil sich durch die Hormonumstellung oft Knochenmaterial abbaut und in der Niere landet. Auch Krankheiten der Schilddrüse können Ursache sein. Die Kalziumsteine treten als Whewellit-Steine auf, dann sind sie dunkel, hart und kieselförmig, oder als Weddellit-Steine, die lockere, filigrane und helle Kristalle bilden.
Struvitsteine: Sie sind gräulich und erinnern in der Beschaffenheit an Mörtel. Sie entstehen meist im Zusammenhang mit Harnweginfektionen, die den Säuregrad des Harns verändern, und sind bei Frauen häufiger als bei Männern.
Zystinsteine: Die seltenen Zystinsteine sind rundlich und erinnern farblich an vergilbtes Milchglas. Sie gehen auf eine angeborene Stoffwechselerkrankung zurück.

Bei wem die Exponate medizinisches Interesse geweckt haben, der findet im Krankenhausgang gegenüber unterschiedliches Zubehör für kranke Herzen: Teile von Herzkreislaufmaschinen, Herzschrittmacher, eine Herzklappe vom Schwein und eine im Vakuum konservierte, gefriergetrocknete Aortenklappe; nach dem Einlegen in Kochsalzlösung, so erfährt der Besucher, nehme die Klappe wieder die volle Größe an.

Adresse:
Klinik und Poliklinik für Urologie und Kinderurologie
Justus-Liebig Universität Gießen
Rudolf-Buchheim-Str. 7
35392 Gießen

Öffnungszeiten:
Täglich geöffnet.

Anfahrt mit öffentlichen Verkehrsmitteln:
Etwa 400 m vom Bahnhof Gießen zu Fuß

Kuriositäten in der Nähe:
- Gewandschneiderei für Mittelalterbekleidung in Gießen
- Wirtschaftswunder-Schlafzimmer im Museum der 50er Jahre in Allendorf im Lumdatal
- Über 4,5 m hohe, farbige Eichenfigur: „Herr Müller der Sieger“ bei Lohndorf

Und sie fanden einen Raum in der Herberge

Die Krippe im Nandu-Ei in Großenlüder

An sich ist klar, wo und in etwa auch wann die Geschichte stattfand, die in den Krippen dargestellt wird – und zwar in Bethlehem so um das Jahr 30 v. Chr., als Augustus das Römische Reich regierte und die erste Volkszählung stattfand, zu der alle Bewohner in ihren Heimatort zurückkehren mussten. Was genau Maria und Joseph trugen und was sie dem Neugeborenen anzogen, das Maria, wie es heißt, in einem Stall zur Welt brachte, weil alle Herbergsbetten überfüllt waren, ist nicht überliefert und vermutlich auch für die Heilsgeschichte nicht besonders bedeutsam. Selbst dass es ein Stall war, in dem Jesus zur Welt kam, ist umstritten. Und so ist es auch nicht schlimm, dass Orte und Figurendarstellungen in Krippen sehr stark variieren.
In Großenlüder sind im Amtshaus, einem schlossähnlichen, gelben, modern renovierten Bau von 1690, 300 Krippen untergebracht, die Ida und Walter Odenwald teils selbst hergestellt, teils aber auch gesammelt haben. Die Odenwalds waren Krippenhändler.
Selbst im Sommer kann man die weihnachtlichen Szenen bewundern. Die Eisdiele ist nur wenige Schritte weiter, in der der Besucher sich im Sommer wieder abkühlen kann, wenn ihn die Weihnachtsidyllen gewärmt haben.
Die Idee der anschaulichen Krippe mit Puppen wurde von den Jesuiten weit verbreitet. Dieser Orden, der sich die Mission für die katholische Kirche zur Aufgabe gemacht hatte und ausschließlich aus akademisch gebildeten Mönchen bestand, hatte die Absicht, die biblischen Geschichten bildhaft zu machen und sie so zu übersetzen, dass sie in den verschiedensten Missionsgebieten verstanden werden konnten. Die Männer der Gesellschaft Christi hatten kein Problem damit, das Abendmahl mit Bananen statt mit Brot zu feiern, wenn in einer Region nun mal diese Frucht der Grundbestandteil der Ernährung war – und fanden es auch nicht verwerflich, wenn Maria bei den Krippenspielen nicht etwa die Gesichtszüge einer Frau Vorderasiens aufwies, sondern vielmehr die festen Wangenknochen einer Indiomama.
Und so hat sich zwar das Christentum und das Personeninventar einer Krippe nach Südamerika, Afrika und Asien verbreitet, doch vor Ort wurden und werden sie nach traditionellem Geschmack und in regionaler Ästhetik gefertigt.
Eine Krippe aus Argentinien zeigt Maria und Joseph in einem auf goldenen, an Froschbeine erinnernden Füßen stehenden Nandu-Ei – außen mit Goldlitzen verziert. In das Ei wurde kunstvoll eine aufklappbare Türe geschnitten, hinter der sich,

perlenverziert, die Krippenszene zeigt, sowie zwei Schäfchen, von denen allerdings zum Zeitpunkt unserer Besuchs eines umgepurzelt war.
Aus Peru stammen Streichholzschachteln, in denen die Szene nach Jesu Geburt mit bunt bemalten Tonfigürchen dargestellt ist. Diese Krippen bekommt man immer noch in Weltläden aus fairem Handel zu kaufen. Unter den Miniaturkrippen befindet sich auch eine in einer Walnuss und eine in einer Mohnkapsel.
Farbenfroh, glitzernd und mehrstöckig sind die Krippen aus Stanniolpapier, wie man sie in Krakau herstellt. Maria und Joseph befinden sich nicht in einem hölzernen Stall, sondern in einem Märchenbauwerk mit bewimpelten Türmchen. Die Leichtmetallkrippe von den Philippinen, die goldbestäubt schimmert, kann es aber mit ihnen an Kitschigkeit gut aufnehmen. Die Krippen aus Ghana und Kenia wirken dagegen modern, elegant und schlicht. Die Figuren zeigen einfache Gesten.
Für uns exotisch und so gar nicht passend für den heimischen Weihnachtsbaum wirkt die Reliefplatte einer Kirche in Guangshou, die wie ein Wunder den Brand der Kirche überlebt hat. Aber natürlich gibt es auch eine Krippe zu sehen, die man getrost in seinem Fachwerkhaus am Heiligen Abend aufstellen kann. Eine alpenländische Mühlenkrippe zeigt zwar alles, was zu einer Krippe gehört: einen Ochsen, einen Esel, Schafe, Hirten, Weise aus dem Orient und die heilige Familie – nebenbei aber viele Alltagsdetails aus einer Zeit, die man heute gut und alt nennt – aber natürlich nicht alt verglichen mit der Geschichte aus dem Römischen Reich zur Zeit des Kaisers Augustus.

Adresse:
Museum Großenlüder im Stiftkapitularischen Amtshaus
Museumsleiter Norbert Langer
Marktplatz 1
36137 Großenlüder

Öffnungszeiten:
Montags 10–12 Uhr oder nach Vereinbarung unter Tel. 0 66 48-9 11 03 53.

Anfahrt mit öffentlichen Verkehrsmitteln:
Mit der Regionalbahn 35 ab Fulda Richtung Alsfeld bis zum Bahnhof Großenlüder (Fahrtzeit: 13 Min.).

Kuriositäten in der Nähe:
- Sühnekreuz (steinernes Kreuz mit eingraviertem Dolch) bei Blankenau

Im Mais wird's heiß

Das Maislabyrinth in Groß-Umstadt

Der Bauernhof der Familie Münch ist bekannt für eine besonders irre Pflanzung. Der Anbau und die Direktvermarktung von Spargel, Erdbeeren, Himbeeren und Blumen bildet das Kerngeschäft des Hofs, doch seit 1998 gedeiht jährlich auf einem der Felder eine besonders verwirrende Attraktion.

Ein Maisfeld wird in ausgeklügelter Weise als Labyrinth angelegt, auf rund drei Hektar Fläche entsteht so ein Irrgarten besonderer Art. Die Idee zu solch einem Irrfeld hat ihren Ursprung in den USA und in England, in Deutschland wurde sie zuerst von einem Betrieb in Landshut verwirklicht. In der BRD gibt es inzwischen etliche Maislabyrinthe, die jedes Jahr eine Vielzahl von Irrenden anlockt, es hat sich sogar eine regelrechte Fangemeinde entwickelt. Viele Menschen reisen gar unbeirrt aus weiter Ferne zu den Irrgärten, es handelt sich dabei aber trotzdem nicht um Irre.

Familie Münch betreibt die Anlage ihres Maislabyrinths mit viel Freude am Detail, da wird nicht einfach ein Irrgarten in klassischer Manier gepflanzt, sondern jedes Jahr ein Motiv in das Feld eingefräst. Sei es das Groß-Umstädter Wappen, ein Kür-

Das Labyrinth von Knossos

Griechische Mythologie ist eine recht komplexe Angelegenheit, deshalb hier die Story in moderner Kurzform: Minos, ein Sohn des Zeus und König von Kreta, wollte seine Herrlichkeit unterstreichen und bat seinen Onkel Poseidon um einen weißen Stier. Der Stier stieg wie gewünscht aus dem Meer, Minos opferte ihn aber nicht wie versprochen, sondern ein anderes simples Viech. Poseidon war jetzt echt stinkig und verfluchte daraufhin Minos Frau Pasiphae. Die verknallte sich promt in den Stier und ließ sich im Kuhkostüm von dem Rind schwängern. Sie brachte den Minotaurus zur Welt, ein Mischwesen aus Mensch und Stier. Minos war jetzt auch sauer und wollte das Produkt der Untreue seiner Frau töten. Doch sein Töchterlein Ariadne bat um Gnade für das halbbrüderliche Wesen, so bekam Dädalus den Auftrag, ein Labyrinth als Gefängnis zu bauen. Einige Zeit später kam dann Theseus, ein feindlicher Athener auf Tributreise (andere Geschichte) vorbei und durfte in das Labyrinth. Minos hoffte, der Minotaurus würde Theseus abmurksen, aber dieser besiegte das Mischwesen. Ariadne hatte ihm einen Faden mitgegeben (den berühmten Ariadnefaden), der es ihm ermöglichte, wieder aus dem Irrgarten herauszufinden. Den Tipp mit dem Faden hatte Ariadne von Dädalus bekommen, dieser wurde dafür von Minos bestraft und in das Labyrinth gesperrt. Er entkam aus demselben später mit seinem Sohn Ikarus.

bismotiv mit Maus oder wie im Jahr 2008 ein qualmspuckender Drache. Das fertige Motiv ist vom Boden aus nicht zu erkennen, deshalb wird zu jeder Saison ein Luftbild angefertigt. Erst nach dessen Betrachtung weiß Familie Münch, ob das Labyrinth auch wirklich gelungen ist. Die Wege im Labyrinth werden übrigens schon mit Stroh ausgestreut, bevor ein Maispflänzchen gedeiht. Das erspart Herrn Münch viel Handarbeit mit dem Schubkarren.

Durch die Strohwege kann man auch nach regnerischen Tagen einen Ausweg suchen, ohne im Schlamm zu versinken. In den Anfangsjahren des Groß-Umstädter Maislabyrinths versuchten ungeduldige Irrläufer, die Wege abzukürzen und machten dabei einiges kaputt, deswegen gibt es nun Stempelstationen. Mit ihrer Hilfe soll ein Anreiz geschaffen werden, den Irrgarten systematisch zu erkunden und den eigenen Irrfolg zu beurkunden.

Bisher hat noch jeder aus dem Irrgarten heraus gefunden und dabei irrsinnig viel Spaß gehabt. Besonders irritierte Besucher können sich nebenbei auch auf einer Hüpfburg aus Stroh vergnügen, es gibt für erschöpfte Irrgänger einen Bereich zum Ausruhen und es werden Snacks angeboten. Jährlich findet auch eine Nacht im Labyrinth statt, man darf dann im Dunkeln umherirren und zur Einstimmung eine Gruselfilmvorführung genießen.

Im Jahr 2010 ist das Motto übrigens der wilde Westen. Im Maisfeld erscheint ein eingefräster Cowboy auf seinem Pferd, der auf den Ursprungskontinent der Maispflanze hinweist. Wer aus diesem Motiv einen Ausweg gefunden hat und noch Nerven dazu hat, kann sich mit Hufeisen- und Lassowerfen vergnügen oder auch auf Ponys reiten.

Adresse:
Erdbeerhof Münch
Hof an der Landwehr
64823 Groß-Umstadt

Anfahrt mit öffentlichen Verkehrsmitteln:
Ab dem Hanauer Hauptbahnhof mit der Regionalbahn 64 Richtung Wiebelsbach. (Fahrtzeit: 40 Min.) oder ab dem Hauptbahnhof in Darmstadt mit dem Bus 678 bis zum Bahnhof Groß-Umstadt (Fahrzeit: 1 Stunde). Vom Bahnhof Groß-Umstadt ist der Erdbeerhof Münch zu Fuß in einer Viertelstunde gut zu erreichen.

Kuriositäten in der Nähe:
- Drehbare Steintafel in Dieburg
- Volkskundesammlung Otzberg

Mühsam nährt man das Schönhörnchen

Die Hörnchenzucht Ritzert in Hähnlein

Die Anfänge der Hörnchenhaltung bei Rainer Ritzert vor 20 Jahren waren frustrierend. Kaum hatte die Familie ein Streifenhörnchen und dieses nach Hause gebracht, schwups, hatte es sich eingebuddelt im Boden der Voliere, darauf wartend, dass die Menschen sich verziehen. Die ersten Streifenhörnchen, die in Deutschland auf den Markt kamen, waren Wildfänge – und die, so warnt Herr Ritzert, sind extreme Menschenfeinde. Hörnchen sind Fluchttiere und nicht nur das: Wer hofft, das einsame Hörnchen durch einen Gefährten zu erfreuen, irrt – sie verhalten sich auch den Artgenossen gegenüber nicht gerade kumpelhaft. Familie Ritzert gab aber nach dem ersten Hörnchenmisserfolg nicht auf, sondern suchte andere Streifenhörnchengeplagte zum Erfahrungsaustausch und ließ die Hörnchen mit einem Tier aus der Nachbarschaft kleine Hörnchen bekommen. Die nachfolgenden, schon in Gefangenschaft geborenen und an Menschen gewöhnten Streifenhörnchengenerationen ließen sich zwar nicht dressieren und als notorische Einzelgänger sind sie anders als Herdentiere auch nicht bereit, mit den Besitzern zu kuscheln, aber immerhin sind sie dekorativ und verkrümeln sich nicht sofort, wenn jemand näher kommt. Streifenhörnchen sind die idealen Einsteigerhörnchen, robust, einfach mit Sonnenblumenkernen, Nüssen, Mehlwürmern und Obst zu ernähren und zur Not auch im Zimmer zu halten, wo sie, nachdem sie sich vier oder sechs Wochen an ihr neues Heim gewöhnen konnten, auch gerne mal frei herumlaufen – etwa um die Speisekammer nach Essbarem zu durchsuchen oder ihre Vorräte in den Hohlräumen der Küchenmöbel zu bunkern. Wenn die kleinen, hellgrauen, weißen oder braunen Tierchen das erste Mal in der Wohnung unterwegs sind, muss

Winterruhe

Die Eichhörnchen sind im Winter kaum zu sehen. Wenn es kalt wird, ziehen sie sich in ihr Nest in einem Stamm zurück und warten ab, bis es wieder wärmer wird. Sie halten Winterruhe, d. h. sie schlafen nicht durch, sondern wachen immer wieder auf, suchen ihre Vorräte und fressen. Ihr Körper verbraucht zwar weniger Energie als im Sommer, denn das Herz schlägt in geringerer Frequenz. Sie behalten aber ihre übliche Körpertemperatur bei.

man Geduld haben, bis sie freiwillig wieder in ihre Voliere zurückkehren. Bei den nächsten Erkundungsgängen kann man sie auch einfangen – aber immer mit einem Handschuh, denn dann bringen sie den Menschen nicht mit seiner Hand in Verbindung und werden nicht scheu. Der Hörnchenhalter muss nur zusehen, dass sich die Hörnchen nicht außerhalb ihres Käfigs einnisten. Es wurden in Ritzerts Bekanntenkreis schon Motorradstiefel und Golfsäcke von Streifenhörnchen in Besitz genommen und darin die Brut großgezogen.
Seine eigenen Tiere leben draußen. Inzwischen ist der Garten der Familie Ritzert ein Zoo. Die Illustratorin der Namensschilder konnte wohl kaum glauben, dass eine Privatperson so viele verschiedene Baum- und Erdhörnchen besitzt: 15 Arten von insgesamt 234 weltweit bekannten. Süß sind die sibirischen Eichhörnchen, die im Sommer und Winter ganz verschieden aussehen. Im Winter haben sie das kostbare, dichte Fell, aus dem die Feenmäntel genäht wurden. Im Sommer sehen sie unseren Europäischen Roten Eichhörnchen ähnlich. Die russischen Hörnchen kann man nicht im Zimmer halten. Sie brauchen den knackig kalten Winter, um den Jahresrhythmus zu genießen – und bekommen selbst in unseren verregneten, hessischen Sommern immer wieder Atemnot wegen zu großer Hitze. Japanische Hörnchen vertragen Stress ganz schlecht. Sie leiden schnell unter Durchfall. Nicht einfach zu halten sind auch die verspielten und neugierigen Schönhörnchen, die so sorglos sind, dass sie keine Vorräte anlegen und schnell verhungern und verdursten, wenn sie nicht ihre täglichen Obstrationen bekommen.

Adresse:
Hörnchenzucht Ritzert
Rainer und Maria Ritzert
Ringweg 2
64665 Hähnlein

Öffnungszeiten:
Terminvereinbarung unter Tel. 0 62 57 79 22.

Anfahrt mit öffentlichen Verkehrsmitteln:
Ab dem Hauptbahnhof in Darmstadt mit der Regionalbahn Richtung Heidelberg bis Haltepunkt Alsbach-Hähnlein (Fahrtzeit: 20 Min.), von dort eventuell mit dem Bus K 50 bis Haltestelle „Hähnlein Waage".

Kuriositäten in der Nähe:
- Afrikarestaurant der nigerianischen Prinzessin Bridget Robinson-Kuba in Lautertal
- Magnetisierte Klippen bei Nieder-Beerbach
- Felder mit dem Energiegras Chinaschilf in Bremsbach
- Alpakazucht in Reichelsheim

Staunzeug

Das weltgrößte Miniaturpuppenkaufhaus in Hanau-Wilhelmsbad

Haben Sie schon mal den Wunsch gehabt, Kaiser Wilhelm II. oder Kaiserin Auguste Victoria auszuziehen? Möglicherweise hatten manche politische Oppositionelle der Kaiserzeit gewünscht, dass der Kaiser die Hosen herunterlässt. Wer seine Wünsche nachspielen wollte, konnte das Herrscherpaar als Anziehpuppe erwerben. Aus Rücksicht auf den Schutz der Persönlichkeitsrechte sind die beiden allerdings nur bedingt entkleidbar. Man erfährt nicht, wie der Kaisers nackig aussah. Einer der Anzieh-Kaiser aus Papier und ohne Rückgrat liegt in einer herausziehbaren Schublade im Spielzeugmuseum in Hanau.
Das Papierspielzeug gehört eher zu den neueren Exponaten. Aus dem 4. bis 3. Jahrhundert v. Chr. ist eine Rassel in Schweineform erhalten. Aus römischer Zeit kann man einen Topf aus Ton bestaunen. Die Säuglingsflasche hat ein Loch in der Nase, aus der das Baby trinken kann. Das Gesicht war sicher bunt bemal.
Ein Höhepunkt des Museums ist das größte Miniaturkaufhaus der Welt. Hier gibt es für die Püppchen in 17 verschiedenen Abteilungen alles zu kaufen, was das Puppenherz begehrt. Die Einrichtung im Stil der Jahrhundertwende ist im Maßstab

Fürstliches Karussell

Genau vor dem Spielzeugmuseum steht ein Tempel der Lustbarkeit: ein Karussell, und zwar das Erste seiner Art von 1778, bei dem die Tiere aufgehängt sind und sich nicht mit der Bodenplatte drehen. Die ersten geschnitzten Pferde sind nicht erhalten, die, die sich nach der Restaurierung wieder im Kreis drehen sollen, sind von 1898.
Was tut ein Fürst, wenn er Geld braucht, zum Beispiel um ein Karussell zu bauen? Das Naheliegende: Erbprinzen Wilhelm von Hessen-Kassel verlieh seine Hanauischen und Hessischen Soldaten gegen Gebühr an England, in dessen Auftrag sie im Amerikanischen Unabhängigkeitskrieg kämpften. Mit dem Geld baute er u. a. sein Kurbad aus.
Das Karussell, das erst durch Bediente betrieben wurde, später durch Maultiere, die unter der sich drehenden Platte im Keller im Kreis gingen, war kein Kindervergnügen und eine Fahrt mit 12 Umdrehungen kostete 24 Kreuzer, mehr als ein Kilo Schweinefleisch. Männer liebten es auf den Holzpferden zu reiten, wobei man je nach Wettbewerb Türken enthaupten oder „Mohren“ füttern konnte. Für Frauen waren Kutschen vorgesehen.

1:12 gehalten. Das Gebäude hat eine Länge von 3,20 m, einer Tiefe von 1,20 m und eine Höhe von 1,30 m Höhe. Beleuchtet wird es von fast 500 Miniaturlampen. Plastik gibt es nicht. Die Schuhe sind genäht und nicht mit der Spritzgussmaschine hergestellt. Das Geschirr im Dachcafé ist aus Porzellan. In der Stoffabteilung können sich die Käuferinnen in Modebüchern ihr Modell wählen. Es gibt Dessous aus roter und schwarzer Spitze: Mieder, Korsetts und BHs. Es gibt mit Perlen bestickte Handtaschen, Porzellanbadewannen mit Rosendekor, Mininachttöpfe, eine Bettwarenabteilung mit Minieisbärfellen und eine Babyabteilung mit aus Garn gestrickten Fäustlingen und Babyjäckchen – alles für die oberen gesellschaftlichen Puppenklassen. Man kann lange stehen und schauen. Um Spielzeug aber, wie es der Museumsname verspricht, handelt es sich nicht. Es ist Staunzeug.
Nicht alles Spielzeug versucht eine heile Welt zu imitieren. Im Museum gibt es auch Puppen, mit denen spielerisch der Umgang mit Kindern geübt werden soll, die „anders“ sind. So gibt es Migrantenpuppen und sogar eine mit der Krankheit Trisomie 21.
Nicht alle Puppen und Spielzeuge sind als Neuware ins Museum gekommen – und einige haben sogar viel mitgemacht. In einer sicheren Vitrine sitzt ein Teddybär mit einem besonderen Armband, das beweist, dass er im Zweiten Weltkrieg mit im Bunker war und seine kleine Besitzerin in Bombennächten begleitet hat.

Adresse:
Hessisches Puppenmuseum
Parkpromenade 4
63454 Hanau-Wilhelmsbad

Öffnungszeiten:
Di–Fr 10–12 Uhr und 14–17 Uhr, Sa und So durchgehend 10–17 Uhr.

Anfahrt mit öffentlichen Verkehrsmitteln:
Ab dem Bahnhof Hanau-Wilhelmsbad mit dem Stadtbus Linie 1 in Richtung Hohe Tanne bis Haltestelle „Bismarckturm“ (Fahrtzeit: 2 Min.).

Kuriositäten in der Nähe:
- Lagerverkauf „Ritterladen“ für Trinkhörner, Rufhörner und Kettenhemden in Hammersbach
- 30 Papp-Variationen des „Freischütz“ im Papiertheatermuseum im Schloss Philippsruhe in Hanau
- Gehege für Mongolische Wildpferde im ehemaligen Militärgelände, dem Campo Pond Hanau-Großauheim

Das Ei des Kolumbus

Wunderliches im Scriptorium in Hatzfeld

Ihr Textverarbeitungsprogramm spinnt? Der Drucker schmiert? Dann gibt es einen Ausweg. Werfen Sie den Computer an die Wand! Schmeißen Sie auch die Kugelschreiber weg und lernen Sie wieder zur Feder zu greifen.

Der Besuch des Scriptoriums der Schriftgelehrten Roma Fromme-Monsees ist ein sinnliches Erlebnis: Der senfgelbe Boden des Museumsraums ist reich bemalt – und so müssen Gäste Hausschuhe tragen. Um das richtige Paar zu finden, müssen die auf den rechten Strickschuh gestickten Buchstaben mit denen auf dem linken ein Wort ergeben. Dann geht es ins Reich der Lettern, deren Geschichte die Kunsthistorikerin und Architektin in Acryl aufgemalt hat. Die Bilder zeigen Schriften verschiedener Kulturen und verschiedener Zeitalter. In den Vitrinen steht Wissenswertes zur Schreibgeschichte: Galläpfel, aus denen man Eichengallustinte herstellte, ein Schiffstintenfass mit doppeltem Verschluss, das auch bei hoher See nicht ausläuft, ein Kriegsfüller mit Glasspitze, weil man das Metall in jener Zeit nötiger für Munition als für Poesie brauchte. Russisches Brot steht neben einem Glas Buchstabennudeln.

Wer Wasser lassen muss, der pinkelt in einer echten Nasszelle mit maritimem Ambiente mit auf blauen Grund gemalten Fischen und einem Goethe-Vers. Selbst auf dem Boden tummeln sich handgemalte Seesterne und Muscheln.

Über dem Museum liegt die Schreibwerkstatt, in der Frau Fromme-Monsees jeweils sechs teilweise schon pensionierten ABC-Schützen auf einmal das Schreiben beibringt – das Schreiben in einer der 120 Schriften, die sie beherrscht: Egal, ob

Sütterlin oder karolingische Minuskel. Die Atmosphäre mit Blick auf die Bibliothek ist beruhigend und gemütlich, obwohl der Boden mit „Blut Christi“ grundiert ist. Auf das kräftige Rot hat die Schreiberin bunt christliche Motive und keltische Ornamentik aufgemalt. Alle Religionen sind willkommen. Bibelzitate sind bei ihr genauso zu finden wie mystische Symbolik und die beschnitzten Walnüsse asiatischer Mönche.

Die Lernenden schreiben auf Papier. Die Künstlerin selbst beschriftet mit gleicher Präzision Eier. Es ist für sie eine Herausforderung, auf der gewölbten Fläche zu arbeiten, denn trotz der Wölbung muss die Schrift einheitlich und unverzerrt aussehen. Die kleinsten ihrer Werke sind auf Zebrafinkeneiern gemalt, von denen während des Malens besonders zu Anfang der Eiermalsaison das eine oder andere zerbricht. Auf den selbst importierten Straußeneiern, die Fromme-Monsees aus ihrer Heimat Südafrika mitbringt, findet die ganze Weltkugel mit der Route des Christoph Columbus Platz. Das Werk nennt sich: Ei des Kolumbus.

Kein Ei gleicht dem anderen. Bei Eiersammlern besonders beliebt sind Gedichte und Bilder auf Doppeldotter- und Trippeldottereiern, die wegen ihrer länglichen Form als Schreibuntergrund für die Schreiberin ebenso attraktiv sind wie die gedrungenen Steißeier.

Neben dem Scriptorium gibt es in Hatzfeld nichts außer einem leckeren Italiener. Frau Fromme-Monsees bringt vielerlei ins Einerlei der Provinz. Hier bezieht der Hase seine Eier, bevor er dem Fuchs „Gute Nacht“ sagt.

Adresse:
Roma Fromme-Monsees
Atelier für Kunst und Heraldik
Berleburger Straße 20
35116 Hatzfeld (Eder)

Öffnungszeiten:
Di–Do 10–13 Uhr und 16–19 Uhr. Während der Ausstellungssaison von Oktober bis Dezember und Februar bis April nach Absprache, Tel. 0 64 67-83 67.

Anfahrt mit öffentlichen Verkehrsmitteln:
Ab dem Bahnhof Biedenkopf mit dem Bus MR-58 bis zur Haltestelle „Hatzfeld Mitte“.

Kuriositäten in der Nähe:
- Privates Holder-Museum in Engelbach
- Stülpchensammlung im Kreisheimatmuseum Frankenberg – an den Häubchen konnte man den Familienstand der Trägerin erkennen
- Zwangsstuhl, -bett und -jacke im Psychiatriemuseum Haina

Auf die Nesseln setzen

Brennnesselstoffe bei Anita Pavani in Heuchelheim

Auf die guten Eigenschaften der Nesseln setzt Anita Pavani. Sie hat in einer alten Fabrik mit vielen kleinen Firmen ihr Lager und den Laden für Naturfaserstoffe. In den Regalen liegen Stoffrollen und -ballen. Dazwischen wird an großen Tischen Stoff für den Onlinehandel abgemessen. In einem hellen, offenen Raum kann man alle Stoffe anfassen und fühlen, auch den Stoff aus Brennnesseln.

Man muss nicht fürchten, dass die Kleidungsstücke, die aus den handgewebten Brennnesselstoffen genäht werden, jucken. Jahrhundertelang verwendete man in Deutschland Brennnesseln, um aus ihren Fasern Kleidung herzustellen. Die letzte Hochphase hatten die Brennnesselstoffe in Europa im Zweiten Weltkrieg, als die heimischen Pflanzen fehlende Baumwolle ersetzen mussten. Inzwischen ist die Herstellung von Stoffen aus Nesseln vergessen – nur noch wenige Stoffe enthalten einen kleinen Anteil der krautigen Pflanze. Wenn heute jemand Brennnesseln pflückt, dann wohl nur noch um Nierentee zu kochen.

In Nepal allerdings werden Nesselstoffe noch hergestellt. Sie sind aus einer anderen, größeren Unterart. Die Nilgrinnessel zeichnet sich durch lange Fasern aus, die bis 60 cm lang sind. Alleine die Brennhaare der drei Meter hohen Berg-Brennnesseln sind 9 cm lang. In Nepal ist *Girardinia diversifolia* in natürlichen Beständen in Höhen von 1500–3000 m in lichten Laubwäldern zu finden und wird von den Einheimischen geerntet. Eine Person schafft es, 370 Stämme am Tag zu schneiden. Die Borkenrinden werden mit dem Mund abgetrennt. Dann muss die Pflanze eine Nacht lang in einer Lauge aus Pflanzenasche und Wasser einweichen. Sie wird an-

Die Brennnessel-Pflanze

Die Brennnessel war lange ein üblicher und billiger Rohstoff für Kleidungsstücke, denn sie ist extrem häufig. Statistisch ist sie die in Deutschland vierthäufigste Pflanze. Die uns sehr unangenehmen Brennhaare, die Ameisensäure enthalten und abbrechen, wenn man sie gegen den Strich berührt, haben eine wichtige Funktion: Sie schützen die Pflanze davor, von großen Tieren gefressen zu werden. Die Nessel kann sich so ungehindert auch auf Weiden ausbreiten und gedeiht sogar dort, wo viele Kühe pinkeln, besonders gut, denn die Brennnesseln lieben Stickstoff.

schließend geschlagen, gewaschen und mit Lehm abgerieben, um sie leichter spinnbar zu machen. Aus dem kochbaren, versponnenen Garn entstehen Schals und Tuche, die man bei Anita Pavani als Meterware kaufen kann.
Brennnesselstoffe sind nicht die einzigen Exotika im Angebot. Wie wäre es mit in Thailand mit Pflanzenfarben gefärbten Stoffen? Stoffen mit der Malerei von Skipibo-Indianern aus Peru oder aus Yakhaar und Hanf gewebten Textilien? Es gibt Bambus-Jersey und Baumwollstoffe mit Bokola-Schlamm-Malerei. Aus russischem Ziegenflaum gibt es handgestrickte Westen, Einzelstücke, leicht und weich wie Kaschmir. Zu den Kostbarkeiten gehört auch der Goldbrokat aus Damaskus. Anita Pavani hat auch das Muster „Loving Bird" in der Schatzkiste, der Stoff, mit echtem Gold durchwirkt, den die Queen zu ihrer Krönung getragen hat.
Neben den Stoffen gibt es weitere Ungewöhnlichkeiten, mit denen man sich schmücken und verschönern kann. Da ist der marokkanische Lippenstift: kleine Tontässchen, gefüllt mit natürlichen Pigmenten, den man anfeuchtet und zum Schminken verwendet.
Zweckmäßig, kurios und genial sind die angebotenen Fischschuppen des Pirarucu, des zweitgrößten Süßwasserfisches der Welt, der für die Bewohner Südamerikas ein wichtiges Lebensmittel ist. Der bis zu drei Meter lange Fisch wird gegessen, seine getrocknete Zunge wird als Holzraspel verwendet und die Schuppen dienen als Schmuck und zum Feilen der Nägel. Die einzelnen Schuppen alleine haben die Länge eines Hühnereis. Die leicht raue Fläche der Außenseite lässt sich als Maniküerfeile verwenden, dabei ist sie unzerbrechlich und nützt sich nicht ab. Sie feilt die Nägel schonend. Der dunklere und stärker geriffelte Teil der Schuppe ist zum Entfernen von Schwielen und Hornhaut geeignet. Heißes Wasser und Feinseife genügen, um die Fischschuppe einsatzbereit zu halten – ein Leben lang.

Adresse:
Anita Pavani Stoffe
Ludwig-Rinn-Str. 14–16
35452 Heuchelheim

Öffnungszeiten:
Mo–Do 9–18 Uhr, Fr 9–16 Uhr

Anfahrt mit öffentlichen Verkehrsmitteln:
Ab dem Bahnhof Gießen mit dem Bus 24 bis zur Haltestelle „Heuchelheim Bahnstraße" oder „Ludwig-Rinn-Straße" (Fahrtzeit: 18 Min.).

Kuriositäten in der Nähe:
- Schwirrbögen und Feenflöten der Firma Boehme in Heuchelheim
- Drehbares, rundes Haus des Architekten Rinn in Heuchelheim

Kitsch oder Kunst?

Das Honigkuchen- und Wachsmuseum in Hilders-Oberbernhards

Kulturoase oder Gruselkabinett? Das zu beurteilen steht jedem Besucher des zum Museum umgestalteten Bahnhofs Milseburg offen. Carl-Oscar Hartmann, ein Mann mit schlohweißen, schulterlangen Haaren, der auf den ersten Blick wie ein Aussteiger der 68er-Generation wirkt und sich selbst als Künstler bezeichnet, unterhält in dem idyllisch gelegenen Häuschen ein bieder-traditionelles Café in dem man in einem Raucher- und einem Nichtraucherraum voller Stimmungsgemälde hausgemachten Kuchen verzehren kann, einen Laden und eine Ausstellung zur Geschichte des geformten Wachses.

Museumsbesucher kommen zuerst in ein Ladengeschäft, in dem man ohne Mühe ein passendes Geschenk zu Großtante Walburgas 95. Geburtstag findet. Die „Künstler"-Gruppe, die sich in dem Atelier am Radweg trifft, stellt Siebdruckvorlagen für Sammelteller und Porzellangeschirr her. Die Bandbreite reicht von goldglänzenden Ornamenten auf Mokkatässchen über Kindertassen, auf denen Bilder prangen, die von Innocenzia Hummel stammen könnten, bis hin zu Gedecken voller Schleifchenhunde in Pastelltönen.

Durch ein Treppenhaus steigt man in die Welt des Wachses. Im Flur hängen Gemälde, bei denen man sich überlegt, ob sie vom Sperrmüll kommen, aber nein: Das meiste ist Neuware und liegt im Oeuvre meist zwischen dem „röhrenden Hirsch" und der „feurigen Spanierin". Was die Technik angeht, weisen die Bilder eine große Vielfalt auf: Da gibt es Scherenschnitte vor Seide, Kreide- und Pastellzeichnungen,

Wachsleichen

Friedhofsbetreibern bereitet zu feuchte und luftundurchlässige Erde ernsthafte Probleme, denn die Toten verwesen dann nicht mehr in der vorgesehenen Zeit. Diese liegt üblicherweise zwischen acht und fünfzehn Jahren, je nach der Bodenbeschaffenheit des Friedhofs. Ist die Friedhofserde aber nicht locker und luftig genug, kann es zu einer Mumifizierung der Leichen kommen, der normale mikrobiologische Zersetzungsprozess der toten Körper kommt ins Stocken. Körperfette verwandeln sich in eine wachsähnliche Substanz, eine Adipocire genannte Schutzschicht. Es entsteht eine weiße, krümelige, an Wachs erinnernde Substanz auf der Haut des Verstorbenen. Die Verwesung kann dadurch unter Umständen vollständig verhindert werden.

Acrylfarbe und pastos aufgetragene Ölfarbe. In einer Extrakiste lagern Dutzende reduzierter Sonderposten, wobei unklar ist, was den Ausschlag dafür geben mag, dass ein Bild reduziert und ausgemustert wird.

Die Sammlung, die in den engen, dunklen Räumen des nach Omas Wohnzimmer riechenden Wachsmuseum ausgestellt wird, ist dagegen bemerkenswert. Viele der Wachsbilder wirken einerseits abstoßend altmodisch und weil sie so grotesk unzeitgemäß sind, doch gleichzeitig auf faszinierende Weise mutig, als ein musealer Protest gegen die Moderne.

Die kunstvollsten Exponate im Museum sind Wachsstöcke, lange dünne Kerzenstränge, die aufgewickelt und meist mit christlichen Motiven verziert sind. Pilger brachten die geweihten Devotionalien von Wallfahrtsorten mit und zündeten sie daheim bei Unwetter oder Krankheit an, wenn sie um Gottes Schutz beteten. Wachs war mehr als der Abfall bei der Honiggewinnung. Wachs galt als Symbol für Jesus Christus, der mit dem Kerzenwachs verglichen wurde, das sich selbst verzehrt, um anderen Licht zu geben. Daher ist es nicht verwunderlich, dass viele der wächsernen Exponate Religiöses darstellen. Aber auch ein Fußballgott, Uwe Seeler, steht wächsern in einer Glasvitrine. Carl-Oscar Hartmann hat im Wachsfigurenkabinett in Hamburg mitgearbeitet, bis er seine Wurzeln in Hessen wiederfand, und hat auch die abgetrennte wächserne Hand die morbid, gruselig und lebens- bzw. todesecht neben dem Fußballer liegt, gefertigt.

Der Hauptteil der umfangreichen Sammlung besteht aus Kerzen. Die Herstellung von Zierkerzen ist noch nicht so alt. Die Mantelkerze, also eine Kerze, die in eine modellierte ebenfalls wächserne Hülle eingewickelt ist, ziert die Wohnzimmer erst seit dem zweiten Weltkrieg. Im Wachsmuseum ist zu sehen, wie der Geschmack sich gewandelt hat. Einige klobige, goldfarbene und tief reliefierte Kerzen passen ideal zu einem Achzigerjahre-Wohnzimmer in Eiche rustikal, andere stellt man sich besser auf einem Nierentischchen vor, manche aber … Ach, lassen wir das!

Adresse:
Rhöner Honigkuchen- und Wachsmuseum im ehemaligen Bahnhof Milseburg
36115 Hilders-Oberbernhards

Öffnungszeiten:
Mi–Sa 10–12 Uhr und 13–18 Uhr, So 10–18 Uhr.

Anfahrt mit öffentlichen Verkehrsmitteln:
Ab dem Busbahnhof in Fulda mit dem Bus 21 Richtung Hilders bis Haltestelle Oberbernhards (Fahrtzeit: etwa 40 Min.).

Kuriositäten in der Nähe:
- Wehrfriedhof in Rasdorf

Maße in Massen

Die verstellbare Frau und andere Maß-Nahmen im Pfundsmuseum in Hofbieber-Kleinsassen

Reinhard Krämer hält Maß! Und das gleich tausendfach, denn er sammelt Gewichte, Maße, Messwerkzeuge. Egal aus welchen Zeitaltern oder Erdteilen: Was man zum Festlegen von Größen oder Gewichten, zum Wiegen oder Einteilen benötigte, Herr Krämer hat es zusammengetragen! Er ist aber nicht nur Sammler, er stellt die Ergebnisse seiner Sammelleidenschaft auch im Pfundsmuseum aus. Auf 3125 altfuldaischen Quadratfuß, die heute etwa 250 Quadratmetern entsprechen, ist sein Museum in einer früheren Gastwirtschaft eingerichtet. Aus fast allen Bereichen des Messens und Wägens, aus allen Berufsbereichen ist hier etwas zu bewundern – ob das Gewicht für die Bestimmung von Eierklassen oder der Geigerzähler.
Eine fachkundige Führung durch Herrn Krämer ist ratsam, es ist sonst recht schwer, einen tieferen Einblick in die Ausstellung zu gewinnen, denn viele Dinge sind trotz guter Beschreibung zu außergewöhnlich und speziell.
Was etwa haben diese sonderbaren Schoten hier zu suchen? Es sind die Samenhülsen des Johannisbrotbaumes. Den kennen Biomarkt- und Reformhausgänger; sie lieben diese Schoten, weil sie schmecken wie Schokolade, aber nicht dick machen, sondern die Fettverbrennung im Körper anregen. Und so backen die Damen und Herren, die sich beim letzten Wiegen erschreckt haben, Carobkuchen statt Schokotorte. Die festen, kleinen Samenkerne in der Schote haben aber noch eine weitere Bedeutung, die sie ins Pfundsmuseum gebracht hat. Der Baum heißt botanisch *Ceratonia siliqua* – und seine Samen haben es zur Maßeinheit gebracht – dem Karat. Sie wiegen im Durchschnitt 200 Milligramm – egal auf welcher Erde und in welcher Sonnenlage der Baum steht. Es gibt einzelne Samenkörner, die abweichen, doch die kann man gut erkennen und aussondern. Seit der Antike ist der Karat die Gewichtseinheit für Diamanten.
Besucher werden nicht in Karat, sondern in Kilo gemessen. Einzelne Gäste mögen sich vielleicht auf eine Bahnhofswaage stellen – es stehen mehrere bereit. Besuchergruppen können sich vor einer Führung auf einer Viehwaage wiegen lassen und bezahlen je Kilogramm Lebendgewicht 2 Cent brutto Eintritt. Für jüngere Besucher gibt es die unterschiedlichsten Waagen zum selber ausprobieren und auch einen Tante-Emma-Laden.

Gewichtsverschiebungen

Wenn man im Museum die diversen Getreidemaße sieht, wird einem bewusst, wie kleinräumig bis zur Einführung des metrischen Systems gedacht und gehandelt wurde. Maße galten lediglich in einem regionalen Fürstentum. Alle Freien Reichsstätte durften eigene Münzen prägen und ihre Maße festlegen. Das machte überregionalen Handel schier unmöglich. Kaufte man in Hessen 1 Malter Gerste, so waren das 128 l, in Preußen aber 659,55 l. Im Großherzogtum Hessen fasste das Malter seit 1818 vier Simmer. Das machte 16 Kumpf. Die bestanden aus 64 Gescheid, also 256 Mäßchen …

Ansonsten geht es im Pfundsmuseum um Genauigkeit, selbst bei der größenverstellbaren Frau – genauer gesagt bei einer verstellbaren Ankleidepuppe. Man kann sie auf die Körpergröße der Dame einstellen, die sich neu auszustatten wünscht – und der Schneider musste nicht mehr jeden Fettkringel der Kundin einzeln messen, sondern konnte anhand der Puppe das rechte Maß finden. Um den Stoff zu messen, sind Schneider-Ellen nötig. Im Museum stehen ellenlange reihen mit Ellen, gesammelt offenbar ohne Maß, aber mit Ziel – zum Teil wunderschön gestaltet. Das ganze Museum ist voller Kostbarkeiten, alleine die antiken Exponate sind sehr hochwertig – und phantasievoll. Aus dem antiken Rom findet sich ein Gewichtchen in der Form eines winzigen, nackten Babys.
Bringen Sie Zeit mit zum Besuch und ignorieren Sie die ausgestellten Stechuhren!

Adresse:
Pfunds-Museum Kleinsassen
Julius-von-Kreyfelt-Straße 1
36145 Hofbieber-Kleinsassen

Öffnungszeiten:
April bis Oktober Mi, Do, Fr 14–18 Uhr, So/Feiertage 10–18 Uhr und nach Vereinbarung unter Tel. 0 66 57-16 07.

Anfahrt mit öffentlichen Verkehrsmitteln:
Ab dem Bus-Bahnhof in Fulda mit dem Bus Nr. 25 Richtung Langenbieber bis zur Haltestelle „Kleinsassen Rhönringstraße“ (Fahrtzeit: 36 Min.).

Kuriositäten in der Nähe:
- 3 Millionen Jahre alte Aschenwand in Schackau

Bergeweise Seltenheiten

Die riesige Kleine-Waldameisen-Kolonie bei Höringhausen

Erst einmal: Gezählt haben wir die kleinen Tierchen nicht, die man im Naturschutzgebiet Rudolfshagen beobachten kann. Sie sind zu schnell hin- und hergewuselt. So genau können wir also nicht bestätigen, ob es sich wirklich um die größte Kolonie der kahlrückigen Waldameise, auch Kleine Rote Waldameise genannt, in Mitteleuropa handelt. Diese Art gilt nach der Roten Liste als gefährdet und ist gem. § 42 BNatSchG unter besonderen Schutz gestellt. Es ist verboten, sie zu sammeln, zu halten und die Ameisenhügel zu zerstören, aber das hätten die vernünftigen Leserinnen und Leser dieses Buches ohnehin nicht getan.
Selten sind die Ameisen der Art *Formica polyctena* – aber nicht im Ameisenschutzgebiet, denn bei Höringhausen im Wald befinden sich mehr als 410 Ameisenhügel. 1977 schon wurde der Antrag gestellt, das Gebiet zwischen Höringhausen und Ober-Waroldern zu schützen. Eigentlich sollte hier die Autobahn Gießen–Bremen verlaufen, doch der umweltbewusste Bürger Friedrich Sauer ging Ameisen zählen – und reichte den Antrag ein, die kleinen Tierchen vor Straßenwalzen zu verschonen: mit Erfolg. Es war das erste Mal, dass beim Straßenbau Rücksicht auf kleine Krabbelviecher genommen wurde – und das erste Mal, dass ein Gebiet alleine wegen der vorkommenden Waldameisen zum Naturschutzgebiet erklärt wurde. Und so erfreuen sich die Wanderer heute an Ameisenstraßen statt an kriechenden Blechschlangen. Nun haben wir alle etwas davon, denn in der besagten Gegend ist es wirklich ausgesprochen schön.
Damals, bei der Kartierung des Gebietes, wurde ein Ameisenbauwerk mit 2,40 m Höhe und über 16 m Umfang gefunden. Welches heute der höchste Insektenskyscraper ist, konnten wir nicht vermessen, da es verboten ist die Wege zu verlassen, aber auch von denen aus kann man die Millionenstadt der Roten Ameisen bewundern, denn die Hügel liegen großenteils direkt am Weg. Das liegt daran, dass die

Die Ameisen

Die Ameisen sind mit den Wespen am nächsten verwandt und zählen wie diese zur Gruppe der Hautflügler, die auch die Bienen umfasst. Bisher kennt man weltweit rund 10000 Ameisenarten. Noch einmal so viele sind wahrscheinlich noch zu entdecken, vor allem in Tropenwäldern. In Deutschland leben, vergleichsweise bescheiden, rund 120 Arten.

Fichten, deren Nadeln den Völkern als Baumaterial dienen, an den Wegen besonders viel Licht bekommen und auch weit unten grüne Äste haben, die die Ameisenbauten vor Regen schützen und ihnen Schatten spenden. An besonnten Plätzen werden die Kuppeln eher flach angelegt. Je schattiger der Standplatz, desto höher wird der Hügel. Manche der richtig hohen Ameisenhügel kann man auch vom Weg aus gut sehen, einige von beeindruckendem Format.

Ameisennester liegen immer am Waldrand, an Wegen oder dort, wo hoher Wald in niedere Schonungen übergeht. Auf den Fichten leben die von den Ameisen geliebten, Nahrung spendenden Blattläuse. Der von ihnen produzierte Honigtau, ein freundliches Wort für süßes Läusepipi, wird von den Ameisen gesammelt. Ameisen schonen daher die Blattläuse – im Gegensatz zu anderen Insekten. Ein einziges Volk Ameisen mit ca. 100 Individuen vertilgt pro Jahr ca. 1000 Insekten, darunter viele Schadinsekten!

Wer etwas Geduld mitbringt und einen Ameisenstaat mal genau betrachtet, kann den winzigen Workoholics bei der Arbeit zusehen, hier wimmelt es nur so von Tannennadeln tragenden Waldarbeitern. Gerade nach einigen Regentagen gibt es für sie viel zu reparieren. Mit einer guten Kamera wird man hier richtig Freude haben, doch sollte der Ameisenfotograf mit der Zutraulichkeit der Tierchen rechnen. Sie krabbeln gerne dem Waldbesucher die Füße und Beine hoch, wenn er sich länger an einer Stelle aufhält. Und sie können sogar ein wenig beißen, wenn man versucht, sie zu unsanft wieder loszuwerden. Trotzdem sind die Kleinen Roten Waldameisen in ihrer Verhaltensweise vorbildlich friedlich. In nur einem Waldstück leben hunderte Staaten mit Milliarden von Staatsangehörigen artgerecht Seite an Seite ohne Krieg zu führen und ihre eigene Umwelt zu zerstören.

Im Naturschutzgebiet Rudolfshagen kann also eine evolutionäre Erfolgsgeschichte betrachtet werden.

Adresse:
Forstamt Vöhl
Schlossstraße 4
34516 Vöhl

Anfahrt mit öffentlichen Verkehrsmitteln:
Ab dem Bahnhof in Bad Wildungen mit dem Bus 510 bis zur Haltestelle Rudolfshagen (Fahrtzeit: 50 Min.).

Kuriositäten in der Nähe:
- Ostereiausstellung in Schmillinghausen
- Altar aus vier Palmen in der Kirche in Helsen

Wanderpokal

Ein Getränkeautomat im astronomisch-physikalischen Kabinett in Kassel

Die Landgrafen von Kassel waren große Sammler – und begeistert von den Naturwissenschaften, Feinmechanik und Technik. In den Vitrinen in der Orangerie befinden sich Kostbarkeiten der Teleskopbaukunst des weitsichtigen und präzisionsbegeisterten Himmelsvermessers Landgraf Wilhelms IV. und Wunderwerke der Uhrmacherei.

Dass die Grafen bei aller Liebe zu den Wissenschaften doch auch dem Lebensgenuss nicht abgeneigt waren, zeigt ihre Freude an nettem Blödsinn. So besaßen die Herrscher einen Wein-Pokal aus einer Kokosnuss. Auf dem Deckel der Nuss steht kein Hawaiianer, sondern ein kleines Männchen mit Jagdhorn. Es ahnt nichts von der drohenden Gefahr, aber den Stiel hinauf klettert ein mit einem Beil bewaffneter Miniatur-Knilch. Der bevölkerte Pokal steht auf einer goldenen Schildkröte. Unter ihrem Panzer befindet sich eine Mechanik. So konnte man die Schildkröte mit dem weingefüllten Pokal im Schildkrötengalopp über den Tisch flitzen lassen, dem Gast entgegen – etwa ein früher Versuch, Personal durch technischen Fortschritt einzusparen?

Ein nicht minder exotisches Stück ist die Figurenuhr von 1610. Eine goldene Kugel mit einem ringsum laufenden Zahlenband ist oben auf einem Palmenstamm aus Metall angebracht. Neben der Palme steht ein dunkelhäutiger Mann in der Tracht eines römischen Läufers und zeigt auf der Kugel die Uhrzeit an. Zu jeder vollen Stunde dreht er den Kopf. Sein kleines Hündchen fängt an zu springen. Das südländische Szenario stammt nicht aus Afrika, sondern aus Augsburg: vom Uhrmacher Georg Schmidt.

Haben Sie sich kürzlich eine Projektions-Uhr aufschwatzen lassen in dem Glauben, es handle sich um eine technische Neuheit? Dann hat man Sie getäuscht. In der Kassler Orangerie steht eine Projektionsuhr vom Ende des 17. Jahrhunderts; Guiseppe Campani aus Rom hat sie gebaut. Im Inneren eines Metallgehäuses mit Türchen und Schornstein befand sich eine Petroleumlampe. Vorne hat die Uhr eine Projektionsöffnung, die Ziffern an die Wand werfen konnte. Mithilfe dieser Nachtuhr konnte man auch im Dunkeln erkennen, ob es vor dem Morgen noch einmal lohnt einzuschlummern.

Die Kraft, die die Uhren im Museum antreibt, wird auf verschiedenste Weise gewonnen. Mal rollen die Uhren eine schiefe Ebene herunter und halten sich so in Gang. Mal sind es Kugeln, die im Inneren der Uhr nach unten rollen und nach 30 Stunden wieder oben in die Kugelbahn eingefüllt werden müssen. Bei der chine-

sischen Feueruhr in Form eines Drachenbootes glimmt ein Brennmittel und lässt auf eine Schnur aufgefädelte Perlen ins Innere des Bootes fallen. Modern ist die Atmos-Uhr der Firma Jaeger-Le-Coultre, die allein durch Schwankungen der Temperatur in Gang gehalten wird.
Die meisten Ausstellungsstücke sind enorm fein und filigran – aus der Reihe fällt ein großer Feuersalamander aus Bronze aus dem 17. Jahrhundert. Das plumpe, tollpatschige und gepünktelte Amphibium mit vier Zehen an jedem Fuß hängt an einem Seil aus Darmsaiten. Diese drehen sich, wenn sie feucht werden auf. Der Salamander verändert seine Position und zeigt mit seinem Schwanz als Gartenhygrometer den Feuchtigkeitsgehalt der Luft an. Im Museum hängt es sinnigerweise vor den Toiletten.

Adresse:
Orangerie
Am Auedamm
34121 Kassel

Öffnungszeiten:
Di–So und Feiertage 10–17 Uhr; 24., 25. und 31. Dezember geschlossen, 26. Dezember 10–17 Uhr, 1. Januar 12–17 Uhr.

Anfahrt mit öffentlichen Verkehrsmitteln:
Vom ICE-Bahnhof Kassel-Wilhelmshöhe mit den Linien 1, 2, 3 und 4 Richtung Innenstadt zum Friedrichsplatz. Vom Hauptbahnhof dauert der Weg zu Fuß 5 Minuten.

Kuriositäten in der Nähe:
- Nachgebaute, römische Ruinen und chinesisches Dörfchen im Park Wilhelmshöhe
- Schildbachsche Holzbibliothek aus 530 Bänden im Naturkundemuseum in Kassel

Kaisertreu auf krummen Beinen

Das Grab des Dackels Erdmann in Kassel

Auf der Roseninsel des Bergparks in Kassel-Wilhelmshöhe, wo Kaiser Wilhelm II. bei Erholungsaufenthalten gerne flanierte, liegt an einem dem Wasser zugewandten Hang zwischen Azaleen eine polierte Grabplatte mit der Inschrift: *„Andenken an meinen treuen Dachshund Erdmann / 1890–1901 / W II.“* Der Teckelklub Kassel sorgt durch seine Patenschaft dafür, dass das Grab gepflegt bleibt – dem kaiserlichen Dackel zum Gedenken.

Deutsche Dackel gelten als gesellige, temperamentvolle, intelligente, aber auch stimmungsabhängige, eigensinnige Hunde. Sie eignen sich gut als Familienhund, wurde aber ursprünglich als gedrungene Jagdgebrauchshunde gezüchtet, um Dachse und Kaninchen in ihren Bauen zu jagen.

Dackel sind, so heißt es, ohne Angst, Unbekannten gegenüber aber misstrauisch. Zudem sind sie als Kläffer bekannt. Damit ist wohl auch geklärt, warum Kaiser Wilhelm II. sie so liebte, denn auch er soll in seinen Ansichten und Gefühlen wechselhaft gewesen sein. Seine Reden waren meist aggressiver als angemessen, wobei er in seinem Verhalten als friedliebend beschrieben wird. Wilhelm II. wollte kein dressierter Kaiser sein, sondern selbst, ohne den Rat des Kanzlers, regieren. Er war volksnah, fürchtete im Gegensatz zu seinen Kollegen im europäischen Ausland keine Attentate, bellte aber Hassreden gegen die ihm fremden Chinesen: „Pardon wird nicht gegeben!“ Und dass Wilhelm II. gerne Kaninchen jagte, kann man verstehen, wenn man weiß, dass Ärzte versuchten, seinen gelähmten Arm zu heilen, indem sie die kleiner gebliebene Hand in ein blutiges, frisch geschlachtetes Kaninchen einnähten.

Auch als Familienmensch galt Kaiser Wilhelm II., von dem keine Ehekapriolen bekannt sind und der die fromme, sozial engagierte Auguste Viktoria gewählt hatte, obwohl sie als nicht standesgemäß galt. Auguste Viktoria war der Mittelpunkt eines harmonischen, vorbildlichen, eher bürgerlichen Familienlebens.

In den kaiserlichen Wohnräumen, im Hofzug und auf der Yacht „Hohenzollern“ waren immer Dackel mit dabei. Sie begleiteten den Kaiser in das Jagdschloss in Rominten. Es waren nicht nur Schoßhunde, sondern sie mussten nach Jagden, bei denen Tiere angeschossen, aber nicht erlegt worden waren, krankes oder verletztes Wild suchen und stellen.

Nur die Lieblingsdackel wohnten mit dem Kaiser im Schloss. Die meisten mussten sich einen Zwinger im Monbijou-Park in Berlin teilen.

Fachbegriffe aus dem Jägerlexikon

Anfliehen – Wild prallt gegen ein Hindernis
Behang – herabhängende Ohren der Jagdhunde
Castorensäcke – Drüsensack des Bibers
Diehn – Oberschenkel des Falken
Einstieg – Stelle, an der ein Otter oder Biber ins Wasser geht
Fußen – Waldhühner setzen sich nieder
Grimbart – Bezeichnung für den Dachs
Holm – Horn des Wisents
Infanterist – ein Fasan versucht laufend statt fliegend zu fliehen
Jungfer – Treibjagd, bei der kein Wild vorkam
Kuder – männliche Wildkatze oder Luchs
Lichter – die Augen des Schalenwildes
Nimrod – Bezeichnung für einen passionierten Jäger
Oberwurf – Oberkiefer des Schwarzwildes
Puitzen – Lautäußerung der Schnepfe während der Balz
Quarthase – Hase, der zu einem Viertel ausgewachsen ist
Rauhe – Mauser des Wassergeflügels
Schliefen – Erdhunde oder Frettchen fahren in den Bau
Terzel – Der männliche Greifvogel
Unterwurf – Der Unterkiefer des Schwarzwildes

Adresse:
Deutscher Teckelklub Gruppe Kassel e. V.
Dagmar Rothhämel
Forstamtsstr. 11
34355 Staufenberg

Anfahrt mit öffentlichen Verkehrsmitteln:
Ab dem Bahnhof Kassel-Wilhelmshöhe mit dem Bus 23 bis zur Haltestelle „Kurhausstraße".

Kuriositäten in der Nähe:
• Spielplatz 67+ für verspielte Ältere am Kulturzentrum ARM in Kassel
• Tapete, gedruckt auf Entnazifizierungsvordrucken und Schweinerechnungen im Tapetenmuseum Kassel
• Sammlungsstücke zu Vampiren, Wiedergängern und Nachzehrern im Museum für Sepulkralkultur in Kassel

Sperma für die Königin

Das Bienenmuseum in Knüllwald-Niederbeisheim

Dass Königinnen ihre Partner oft nicht selbst wählen dürfen, kennen wir aus der Geschichte. Bis heute ist das auch bei Bienen so. Die Imker wollen selber wählen, mit wem ihre Königinnen sich paaren. Sie stecken die paarungsbereite Königin, einige Arbeiterinnen und Nahrung in einen umgebauten Lockenwickler oder ein Metallkästchen. Dann wird sie verschickt – im Briefumschlag geht es auf Hochzeitsreise.

Im Regal des Bienenmuseums in Niederbeisendorf steht ein Binokular aus rotem Plastik mit dem Namen BOB-Stereo: In ein kleines, durchsichtiges Plastikröhrchen kann man eine Bienenkönigin so hineinschieben, dass der Hinterleib leicht nach oben rechts hinausschaut. Recht und links davon sind kleine, rote Instrumente, mit denen man der betäubten Biene das Hinterteil etwas auseinander ziehen kann. Mittels einer Spritze kann nun unter dem Vergrößerungsglas das Sperma von ausgewählten Drohnen, so nennt man die männlichen Bienen, die Königin besamen. Zuchtziel sind reine Artenmerkmale und ein sanfter Charakter bei den Nachkommen der Königin. Das Männchen hätte auch in freier Natur nicht lange Freude an der Partnerschaft gehabt. Es stirbt nach der Begattung.

Im Museum sind Bienenkörbe aus verschiedenen Ländern zu sehen, Honigschleudern, Wabenpressen und natürlich Rauchgeräte. Rauch macht Bienen Angst. Sobald sie Rauch riechen, fürchten die Bienen, ihr Stock könne brennen. Sie kehren in die so genannte Beute zurück und holen Nahrungsreserven, um zur Not schnell mit Proviant ausfliegen zu können. Sind sie aber im Stock, so stechen sie den Imker nicht.

Neben dem Museum gibt es einen Außenbereich. Dort befindet sich ein Stand mit Bienenkörben aus der Lüneburger Heide. Sie sind aus Weide geflochten. Weide würde mit der Zeit verrotten. Doch dagegen gibt es ein probates Mittel: Damit Bakterien sich vor den Körben ekeln und es Parasiten stinkt, sind die Körbe mit reinem Rinderkot bestrichen.

Ebenfalls im Außenbereich gibt es einen Bienenwagen aus der DDR. Die Völker wurden von den Landwirtschaftlichen Produktionsgemeinschaften kostenlos von Ort zu Ort gefahren. Die Arbeit erledigten Freizeitimker. Privatleute durften in der Deutschen Demokratischen Republik eigene Bienen halten. Die Bienen gehörten ihnen, doch der Honig war volkseigen. Er wurde gut bezahlt – zentral gesammelt – und vom Staat an Schwartau im Westen Deutschlands verkauft, gegen Devisen, versteht sich.

Bienen sind nur eine Tierart, mit der sich die Besitzer beschäftigen. Hans-Joachim Flügel besitzt außerdem die größte Fliegensammlung Hessens. Die mithilfe von Kirschlorbeermus ins wissenschaftliche Jenseits beförderten Tiere sind akribisch aufgespießt und mit winzigen Zettelchen versehen, auf denen Name, Fundort und das Jahr der Erstbeschreibung nachzulesen ist. Besonders eigenwillig ist die Sammlung der Dickkopffliegen. Sie sind nicht nur stur, sondern auch brutal. Die Fliegen legen ihre Eier in Hummeln, die von der geschlüpften Brut von innen aufgefressen werden – zuerst die unwichtigeren Organe, erst am Ende die lebensnotwendigen wie das Herz. Kleine Hummeln sterben, ehe sich die Fliegenlarven in ihnen verpuppen können. Große überleben die gefräßigen Parasiten. Die geschlüpften Dickkopffliegen bohren sich dann durch den Panzer der lebenden Hummel nach außen und beginnen ihr dickköpfiges und schmarotzerhaftes Leben.
Alle ausgestellten Tierarten sind in mehreren Exemplaren vorhanden – nur eine nicht: das Schweinderl. Frau Geisemer hat es in der Fernsehshow Robert Lembkes bekommen. Niemand im Rateteam hat ihren Beruf als Imkerin erraten.
Ein Besuch im LEBBIMUK, dem lebendigen Bienenmuseum Knüllwald, macht bieneninteressierte Besucher ein ganzes Stück schlauer. Von den beiden netten Museumsbetreibern kann man eigentlich alles über Bienen erfahren. Wer zur richtigen Jahreszeit kommt, kann den Bienen und Imkern bei ihrer Arbeit zusehen, denn im Bienenmuseum leben einige Bienenvölker. Viele Menschen haben Angst vor Bienen und ihren Stichen. Dass dies völlig unbegründet ist und wie man mit Bienen prima auskommt, kann man hier lernen. Führungen gibt es für Schulklassen nach Anmeldung. Wem ein Tag im Bienenmuseum nicht genügt, an den vermieten die Besitzer auch gerne die Museumsferienwohnung.

Adresse:
Lebendiges Bienenmuseum Knüllwald
Hans-Joachim Flügel und Erika Geiseler
Beiseförther Str. 12
34593 Knüllwald-Niederbeisheim

Öffnungszeiten:
Nach Vereinbarung (E-Mail: bienenmuseum-knuellwald@web.de; Tel. 0 56 85-4 99).

Anfahrt mit öffentlichen Verkehrsmitteln:
Ab dem Busbahnhof in Homberg (Efze) mit dem Bus Richtung Melsungen. Haltestelle Niederbeisheim (Fahrtzeit: ca. 20 Min.).

So eine Pfeife!

Die größte Pfeife der Welt im Tabakmuseum in Lorsch

Was eignet sich zum Konservieren von Kultur besser als eine ausgediente Konservenfabrik? Gleich neben der karolingischen Torhalle des ehemaligen Klosters Lorsch besteht in ihr das örtliche Museumszentrum. Es beherbergt die klostergeschichtliche und volkskundliche Abteilung, außerdem die Sammlungen der Stadt Lorsch und zu guter Letzt das Tabakmuseum.

Im Eingangsbereich wird man gleich von einem lebensgroßen Indianerhäuptling empfangen, der intensiv an seiner Friedenspfeife zieht. Darauf angesprochen, ob man mitrauchen dürfe, antwortet er leider nicht. Er ist aus Holz geschnitzt, so wie viele seiner Kollegen, die man einst vor Tabakgeschäften stehen sah.

In der unteren Ebene des Tabakmuseums wird der Tabakanbau und die weitere Verarbeitung dieser Giftpflanze anhand einer Vielzahl von Geräten und Maschinen veranschaulicht – allerdings darf man hier sonderbarer Weise nicht rauchen.

Zigarrenherstellung war früher oft Heimarbeit, man benötigte wenig Platz und kaum Werkzeug und arbeitete für einen Hungerlohn. Ein kleiner Trost: Nikotin besänftigt kurzzeitig den Appetit. Es mag vielleicht für den einen oder anderen hungrigen Zigarrenmacher magenbesänftigend gewesen sein, sich eine von den selbstgebauten Zigarren zu genehmigen.

Eine komplette, aus alten Zeiten stammende Kücheneinrichtung mit einer Zigarrenherstellungsnische ist zu sehen. An diesem Arbeitsplatz sitzt eine alte Frau aus Stoff und stellt natürlich Zigarren her.

Dem Rundgang auf die Empore folgend, präsentieren sich zunächst prominente Pfeifen: Helmut Kohl, Herbert Wehner, Norbert Blüm und auch Hans Eichel sind hier mit von ihnen gespendeten Inhalationsgeräten vertreten. Erwin Rommel spendete dem Museum eine blattvergoldete Zigarre, die ihm 1983 von der Firma Dannemann auf einer Marmortafel montiert überreicht wurde. Weiter geht es mit der Geschichte des Tabakanbaus in Südamerika, Europa und dem Rest des qualmenden Planeten. Der gesundheitliche Vorteil des Tabakgenusses bleibt nicht unberührt; eine Schautafel referiert über die Lust am blauen Dunst und seine angeblich blutreinigende Wirkung auf die Konsumenten. Hier handelt es sich freilich um einen Beitrag aus der Renaissance. Um 1559 erforschte Jean Nicot die medizinische Wirksamkeit der Tabakpflanze, nach ihm benannte man das heute so gefürchtete Nervengift Nicotin.

Dass auch im oberen Teil des Museums strenges Rauchverbot herrscht, bedauert man als nikotinabhängiger Besucher, denn dort wird einladend eine riesige Menge an Tabakprodukten, Tabaksdosen und Rauchgeräten (nicht nur für Tabak!) aus aller Welt präsentiert. Wer wissen möchte, was vor 60 Jahren eine Zigarette gekostet hat, oder sich über die Markenvielfalt im Rauchwarenbereich informieren möchte, wird bestimmt fündig.

Ein ganzes Tabakgeschäft ist zu bestaunen, in dessen Auslagen Zigarrenkisten mit Fernweh provozierenden Markennamen liegen. Umrahmt ist es mit Vitrinen voller zum Teil phantastisch gestalteter Pfeifen, Zigarren und Zigarettenspitzen nebst Zubehör. Aus Meerschaumdampfloks quoll der Zigarren-Rauch des Technikfreundes, als es in der Eisenbahn noch Raucherabteile gab. Rauchutensilien hatten einmal einen hohen gesellschaftlichen Stellenwert, das wird klar, wenn man die dekorativen, repräsentativen Rauchertische fürs Zuhause betrachtet, an denen sich früher hauptsächlich die Herren trafen. Auf ihnen liegt der Zigarrenabschneider, der Behälter für Streichhölzer, der Aschenbecher und die Zigarrengarnitur, in der man die Zigarre anbietet.

Am Rande der Empore, beleuchtet und frei zugänglich, steht sie dann: die größte, funktionstüchtige Tabakspfeife der Welt, ein Meisterwerk der Pfeifenherstellung, 2,80 m lang und gut für eine Füllung mit einigen Kilo Tabak. Etwas plump wirkt der große Pfeifenkopf aus vielen Holzstückchen, zierlich dagegen das Mundstück. Es

Das Heilmittel Nicotiana tabacum

Als die Eroberer der neuen Welt die Tabakpflanze mit nach Europa brachten, galt das Interesse hauptsächlich der Wirkung als Heilmittel. Rauchen war eher unter den Seeleuten und in den Hafengegenden verbreitet, da man diesen Gebrauch der Pflanze von den Eingeborenen aus erster Hand kennen gelernt hatte.

Der Ursprung des Namens Tabak ist noch nicht völlig gesichert, die Ureinwohner rauchten das Kraut in Schilfrohren, die angeblich „Tabak" genannt wurden, auch die Antilleninsel Tobago und das mexikanische Tabasco kommen als Namensgeber in Frage.

Der französische Gesandte Jean Nicot lernte die Pflanze 1559 am portugiesischen Königshof kennen, wo man aufgrund der Berichte von Missionaren Versuche mit der Tabakpflanze als Heilmittel angestellt hatte und Geschwüre, Wunden und andere Leiden mit ihr zu behandeln vermochte. Nicot brachte daraufhin die Pflanze mit nach Frankreich. Dort benannten 1570 die Brüder Liebault das Heilkraut zu seinen Ehren Nicotiana, weswegen auch viel später das Pflanzengift Nicotin seinen Namen erhielt.

Sogar als Mittel gegen die Pest wurde der Tabak eingesetzt. Als Rauchwerk diente es zur Seuchenvorbeugung und als Desinfektionsmittel, Kautabak wurde eingesetzt, um die Übelkeit erregenden Ausdünstungen der Kranken besser ertragen zu können. William Barkley schrieb im Jahr der Pest 1614: „Mäßig angewendet gibt es auf der ganzen Welt kein dem Tabak vergleichbares Medikament, alles am Tabak ist heilsam".

ist so klein, damit nicht nur Großmäuler den Dampf des schwelenden Krautes kosten können. Die passenden Pfeifenreiniger sind allerdings nicht zu sehen.

Den Abschluss des Rundgangs durch das Lorscher Tabakmuseum bildet – wie würde man es anders vermuten – ein Zigarettenautomat. Der ist aber schon recht alt und leer noch dazu. Wer vor der Tür nun endlich eine geraucht hat, sollte sich auch die anderen Bereiche des Museumszentrums anschauen.

Die Abteilung Volkskunde bietet eine tolle Sammlung alter Toiletten aus verschiedenen Epochen. Der vorzüglichen Erfindung des Wasserspülklosetts wird zum Beispiel mit dem frühen Luxusmodell „Tornado" Rechnung getragen. Ein Werbeplakat der VEB Fettchemie preist Mittel gegen Abortmaden an und ein praktischer Klorollenhalter mit Kerzenleuchter und Streichholzschachtelklammer erinnern daran, dass man vor gar nicht so langer Zeit noch quer über den Hof laufen musste, wenn man mal musste. Zu verhindern war das nur durch den Gebrauch eines Nachttopfes. Einige edle Exemplare sind hinter Glas ausgestellt. Die Toiletten für Besucher befinden sich übrigens im Keller des Hauses. Sie sind sehr modern und sauber.

Das Kloster Lorsch, ein Weltkulturdenkmal

Lauresham, so nannte man das Kloster im frühen Mittelalter. Die Stadt gab es damals noch nicht, nur eine unbedeutende Siedlung. Der Name Lorsch ist trotzdem weltberühmt geworden, das Kloster Weltkulturerbe der UNESCO. Dort gab es einst ein Zentrum des Glaubens und der Wissenschaft; es entstanden viele Handschriften, wie das Lorscher Evangeliar. Auch ein Arzneibuch wurde um das Jahr 795 im Lorscher Skriptorium geschrieben, bekannt als Bamberger Codex. Es war eine Art Anleitung für Mönchsärzte, denen noch keine Chemieindustrie, sondern nur Gewächse zur Verfügung standen – nach der Anleitung des Heilbuches hat man auf dem Klostergelände einen Klostergarten rekonstruiert.
Von den wenigen noch bestehenden mittelalterlichen Bauten ist heute die Königshalle der älteste und berühmteste Teil. Das gut erhaltene Gebäude stammt wahrscheinlich noch aus dem 9. Jahrhundert.
Die Bebauung des Klostergeländes wurde über die Jahrhunderte immer wieder umgestaltet, erneuert oder erweitert. Von den Kirchenbauten steht nur noch ein kleiner Teil. Die 774 geweihte, dreischiffige Basilika wurde nach 1621 fast gänzlich abgetragen. Mehrere Jahrhunderte Baugeschichte haben es den Wissenschaftlern nicht leicht gemacht, das ehemalige Erscheinungsbild des Klosters zu ergründen. Ergebnisse aus Untersuchungen mittels Georadar haben aber inzwischen ermöglicht, ein genaueres Bild der früheren Bebauung zu zeichnen.

Adresse:
Museumszentrum Lorsch
Nibelungenstraße 35
64653 Lorsch

Öffnungszeiten:
Täglich außer Montag 10–17 Uhr.

Anfahrt mit öffentlichen Verkehrsmitteln:
Ab Bensheim mit dem Bus 641 bis Lorsch, Haltestelle Kaiser-Wilhelm-Platz oder vom Bahnhof Lorsch zu Fuß in 10 Minuten.

Kuriositäten in der Nähe:
- Größte Dachphotovoltaikanlage der Welt in Bürstadt
- Blutschüsseln im Heimatmuseum Lampertheim
- Sprechende Beos im Vogelpark Viernheim

Damenbart

Die Heilige Kümmernis in der religionskundlichen Sammlung in Marburg

Die Heilige Kümmernis gehört zu den Märtyrerinnen, die nicht historisch belegt sind. Sie soll die Tochter eines heidnischen, portugiesischen Königs gewesen sein, die zum Christentum bekehrt wurde. Sie wollte sich alleine der Nachfolge Christi widmen, doch der Vater verheiratete sie gegen ihren Willen einem heidnischen Mann. Die Braut flehte zu Gott, dass er ihren Körper verunstalten solle, damit der ungewünschte Gatte sich nicht an ihm freuen kann, und so wuchs der Heiligen Kümmernis ein Bart. Der Vater fand diesen Trick widerwärtig, zog der Tochter Lumpen an und errichtete ein Kreuz, an das er sie band. Er sagte, sie verspottend, sie sehe nun aus wie ihr himmlischer Bräutigam.

Die Legende stammt wohl aus den Niederlanden, doch fand auch in Deutschland die bärtige Heilige schnell Eingang in die populäre Religiosität, denn viele unglücklich zwangsverheiratete Frauen wandten sich gerne in Fürbittegebeten an ihre Leidensgenossin. Auch in Marburg gibt es in der Stadtkirche ein Fresko, das vermutlich die Heilige Kümmernis darstellt. In der religionskundlichen Sammlung ist neben Ölgemälden auch eine Statue aus dem 17. Jahrhundert vom Tiroler Hof Gabriel in Mühlwald im Protertal zu sehen. Sie zeigt eine bärtige Person mit einem Krönchen auf den langen, welligen Haaren und mit rosigen Wangen. Sie trägt ein hellblaues, bodenlanges Kleid mit goldener Gürtelschleife. Die Bilder und Statuen seit dem 14. Jahrhundert zeigen, wie es wohl zur Verehrung der Bartträgerin kam, die heute zwar nicht mehr in den Heiligenkanon gehört, aber doch zu einer Ikone transsexueller Christen geworden ist.

Vermutlich haben Pilger aus den Ländern nördlich der Alpen in der Kathedrale von Lucca eine berühmte Christusdarstellung gesehen, den Volto Santo. Im Gegensatz zu den Kruzifixen, die die Nordlichter kannten, war Christus hier mit einem langen Gewand bekleidet und statt als Leidender mit geöffneten Augen dargestellt. Den langen Rock deuteten die Gläubigen als Frauenkleid. Da der Statue in Italien zahlreiche Wunder zugesprochen wurden und viele der toskanischen Kirchenbesucher dem Gekreuzigten die Schuhe küssten, sodass diese speckig glänzten, entstand eine weitere Legende, die man sich auf der anderen Seite der Alpen weitererzählte: Eine Statue der Heiligen Kümmernis habe einem vorbeiziehenden Spielmann einen goldenen Schuh zugeworfen. Dieser galt daraufhin als Kirchenräuber und wurde zum Tode verurteilt. Er bat, noch einmal vor der Heiligenfigur spielen zu dürfen; die Bitte wurde gewährt. Er spielte – und die Heilige warf dem Spielmann vor den Augen aller Anwesenden den zweiten goldenen Schuh zu.

Religionswissenschaft – was ist das?

Die Sammlung in Marburg ist an das Institut für Religionswissenschaft angegliedert – und die darf nicht mit der Theologie verwechselt werden. Theologie heißt übersetzt, „die Lehre von Gott“. Die Religionswissenschaft ist die Lehre von den Religionen, wobei es nicht um die Frage geht, welche Religion die richtige ist und wie man glauben sollte. Vielmehr werden Religionen, die als prinzipiell gleichwertig betrachtet werden, unter verschiedenen Aspekten verglichen. Das Studienfach befasst sich etwa mit den religiösen Überzeugungen in der Türkei, der Verflechtung von Religion und Kommerz in der europäischen Bestatterbranche, der Rolle der Frau in den Religionen Asiens, der Menschenwürde im Koran oder mit Magie und Mythos im Film „Herr der Ringe“.

Die große, in Deutschland einmalige religionskundliche Sammlung, die sogar schon vom Dalai Lama besucht wurde und dazu beitragen will, dass die Gläubigen unterschiedlicher Religionen ihr gegenseitiges Verständnis verbessern, zeigt nicht nur christliche Exponate, sondern Ritualgegenstände aus Buddhismus, Hinduismus, Konfuzianismus, Islam, Judentum, altägyptischen Religionen, afrikanischen und altamerikanischen Kulturen, Shinto und Tenrikyo.

Adresse:
Religionskundliche Sammlung der Philipps-Universität Marburg
Landgraf-Philipp-Straße 4
35032 Marburg/Lahn

Öffnungszeiten:
Mo und Di 10–13 Uhr und 14–17 Uhr, Mi 10–13 Uhr, Do 14–17 Uhr.

Anfahrt mit öffentlichen Verkehrsmitteln:
Ab dem Marburger Hauptbahnhof mit dem Bus 7 Richtung Klinikum bis zur Haltestelle „Hanno-Drechsler-Platz“ (Fahrtzeit: ca. 10 Min.).

Kuriositäten in der Nähe:
- Schiefes Dach auf der Stadtkirche Marburg
- Camera Obscura in Marburg
- Körperteilpräparate im Anatomicum in Marburg

Der größte Stinker der Welt

Der Titanenwurz des Botanischen Gartens der Universität Marburg

Es ist die Pflanze mit der größten Blüte der Welt, doch jeder will natürlich die größte der Giganten haben. Momentan liegen die Schwaben vorn. Ihr Titanenwurz hatte bei der vorletzten Blüte in der Stuttgarter Wilhelma 2005 eine Höhe von 2,94 m, 2008 kam es schon wieder zur Blüte, bei der die Server streikten, weil zu viele Menschen von daheim aus sehen wollten, wie weit es ihr Wurz nach oben schafft, ohne sich der Geruchsbelästigung durch einen Besuch direkt bei der nach Aas riechenden Blüte auszusetzen. Bonn war bis 2003 Rekordhalter. Die dortige Knolle wiegt 117 kg und mit jedem weiteren Blatt, das sich entfaltet und wieder zusammenfällt, vergrößert sich die Titanwurzwurzel. Aus Bonn kommt auch das im Wachstum begriffene Knöllsche in Marburg.
Den Ehrgeiz, die größte Blüte der Welt zu besitzen, begann 1889. Damals blühte die erste Titanenwurz außerhalb Sumatras in den Royal Botanic Gardens in Kew. Die ersten Pflanzen, die in Europa ihren Geruch nach Verwesung verbreiten durften, waren Direktimporte aus Indonesien. Allerdings sind viele sofort nach der ersten Blüte eingegangen, ohne eine weitere Wachstums- und Stinkperiode zu erleben. Mit den Wurzeln hatte man Fadenwürmer eingeschleppt, die schon in den Wurzeln saßen und sie zerstörten. Die Pflanze von England aber hielt durch. Sie blühte 1926 wieder. Das ist für Titanwurze keine ungewöhnliche Blühpause. Vorhersagen, wann die nächste Blüte eintritt, sind unmöglich. Normalerweise bringt die Müffel-Knolle

Warum stinken Blumen?

Blüten sind darauf angewiesen, bestäubt zu werden, um Samen bilden zu können. In der Regel übernehmen das Insekten, doch die müssen erst einmal aufmerksam gemacht werden. Viele Pflanzen, die von Bienen bestäubt werden, verzichten auf Geruchsexplosionen und locken mit blauen, gelben oder lila Blütenblättern, die diese besonders anziehend finden. Pflanzen, die sich auf Nachtfalter verlassen, sehen oft unscheinbar aus, denn die Falter sehen ohnehin nicht sehr gut. Sie verströmen aber Nektarduft. Pflanzen, die nach Aas oder Exkrementen riechen, locken damit Fliegen als Bestäuber an.

pro Wachstumsperiode nur ein gefiedertes Blatt hervor, das nach 12 bis 18 Monaten wieder abstirbt. Nach einer unbestimmbaren Zahl von Jahren treibt sie eine Knospe, die zwei Wochen lang wächst, um dann zwei Tage lang voll aufzublühen. Die Blume steht auf einem recht kurzen Stiel. In ihrer Mitte reckt sich ein Kolben nach oben, der für den Geruch – zuerst nach Aas, dann nach Urin – verantwortlich ist. Er erhitzt sich während der Blüte, um noch intensiver seinen charmanten Duft zu verteilen. Das den Stab umwickelnde, auberginenfarbene Blütenblatt erinnert farblich an Kadaver. Die Pflanze heißt auf Indonesisch daher auch einfach Kadaverblume. Der Originalname und der lateinische Name *Amorphophallus* schienen dem Naturfilmer Attenborough nicht angemessen für das Nachmittagsprogramm, weswegen er der Pflanze für eine Fernsehsendung den Namen Titanenwurz (Titan Arum) gab.

Die Pflanze in Marburg blühte 2005 zum ersten Mal. 2008 schob die inzwischen 56 kg schwere Knolle wieder eine Blüte. Leider konnten wir 2009 nicht warten, bis aus dem eingebuddelten Kübel, in dem die Pflanze gerade geruhte zu ruhen, als wir sie betrachten wollten, etwas spross. So mussten wir uns mit dem Haus für fleischfressende Pflanzen, den wundervollen Kamelien, tropischen Nutzpflanzen, der riesigen Seerose Victoria, die ihre Blütenfarbe von einem Tag auf den nächsten wechselt, und dem Bestaunen der Pfeilgiftfrösche begnügen. Der botanische Garten mit seinen Gewächshäusern ist ideal für alle, die ein bisschen Wärme suchen.

Adresse:
Botanischer Garten der Philipps-Universität Marburg
Karl-von-Frisch-Straße
35032 Marburg-Lahnberge

Öffnungszeiten:
1. April bis 31. Oktober 9–18 Uhr, 1. November bis 31. März 9–16 Uhr, Gewächshäuser im Winter nur am Wochenende zwischen 12 und 16 Uhr.

Anfahrt mit öffentlichen Verkehrsmitteln:
Vom Hauptbahnhof in Marburg oder vom dortigen Südbahnhof aus mit der Linie 7 Richtung Klinikum bis zur Haltestelle „Botanischer Garten" (Fahrtzeit ab Hauptbahnhof: 14 Min.).

Kuriositäten in der Nähe:
- Internationale Ostereiersammlung in Cölbe
- Mittelpunkt der EU vor dem Beitritt Rumäniens und Bulgariens in Cölbe
- Metallpflanzen für drinnen und draußen im Atelier Katharina Frank in Münchhausen-Untersimtshausen

Fernsprecher als Nahsprecher

Telefonausstellung im Heimatmuseum Meinhard-Schwebda

Was machen Fernmelder im Ruhestand? Sie geben keine Ruhe und bauen Fernmeldestrecken in das Heimatmuseum ein. Im Schwebdaer Heimatmuseum ist zwar recht viel Platz, der wird aber zu einem großen Teil für Exponate benötigt, die man eben in einem Heimatmuseum ausstellt, in dem es eher um Nahes als um Fernliegendes geht.
Also bauten die pensionierten Telefon-Fachleute ihre Fernmeldestrecken als Kurzmeldestrecken so in das Museum ein, dass man innerhalb eines Raumes ein komplettes und funktionierendes Telefonnetz vorfindet. Über drei Masten mit Freileitungen, einen Hausanschluss und eine Kabelüberführung laufen die Verbindungsleitungen, von denen aus die Anschlussinstallationen in unterschiedli-

Die einsamste Telefonzelle der Welt

75 Meilen südwestlich von Las Vegas, 15 Meilen abseits der nächsten Fernstraße steht sie mitten in der Mojave-Wüste. Keiner brauchte sie mehr, nachdem die Minen geschlossen wurden, für deren Arbeiter sie einst errichtet wurde. Lange stand sie unbenutzt herum, die Scheiben zerschossen, ohne Telefonbuch, aber funktionstüchtig. In den 1970er-Jahren wurde das alte Wählscheibentelefon sogar gegen ein moderneres Modell mit Tasten ausgetauscht. Ein Farmer aus der Umgebung berichtete, die Schafe hätten Probleme beim Wählen gehabt.
Doch die Telefonzelle bekam gerade durch ihre Zwecklosigkeit den Kultstatus, den sie heute weltweit genießt. Amerikanische Telefonzellen kann man anrufen, so versuchten viele Leute einfach aus Spaß dort anzurufen, um festzustellen, ob wer auch immer in der Wüste den Hörer abnimmt. Mit Erfolg, denn das Telefon ist mittlerweile eine Touristenattraktion geworden. Wer ans Telefon geht, weiß man vorher nicht. Gerade das macht den Reiz der Sache aus. Die Telefonzelle hat sogar eine eigene Homepage: www.deadpan.net/mpb/, sie beantwortet klar die Frage nach dem Warum. Die Antwort: „Warum nicht?“ Sie können sich vom Sinn oder Unsinn auch selber überzeugen. Hier die Telefonnummer der einsamsten Telefonzelle der Welt: 0 01 76 07 33 99 69.

cher oberirdischer Bauweise ausgeführt sind. Wir hoffen, das korrekt benannt zu haben, denn im Museum haben wir gemerkt, wie unergründlich für den Laien die Kabelwelt ist. An sie sind alle im Museum befindlichen Telefone angeschlossen, die funktionstüchtig und nicht zu kostbar sind, um sie zu benutzen. Damit kann der Besucher über die „Kurzmeldestrecke" von einem zum anderen Apparat telefonieren oder einfach nur herausfinden, wie sich das Klingelsignal anhört. Für junge Drahtlos- und Handytelefonierer ist es faszinierend, eine echte Wählscheibe oder sogar eine Kurbel am Telefon zu bedienen und zu hören, dass Telefone früher wirklich eine Klingel besaßen.

Das älteste Telefon stammt aus dem Jahr 1904, es ist funktionstüchtig, aber zu schade, um es zu verwenden. Die Telefonsammlung ist umfangreich und bietet vom Hausapparat über militärische Feldtelefone aus den Weltkriegen bis zum Grubentelefon aus einem tschechischen Bergwerk eine bunte Telekommunikationsvielfalt, auch ein Garfieldtelefon ist vorhanden. Es öffnet die Augen, wenn man den Hörer abnimmt.

Vom funktionierenden Telefonnetz sind sogar abgehende Telefonate möglich, man kann also live aus dem Heimatmuseum von den Exponaten im Museum nach Hause berichten. Ansonsten sind im Heimatmuseum Gerätschaften, Schriften und alte Trachten zu sehen.

Adresse:
Heimatmuseum Meinhard-Schwebda
Am Lindenanger
(Postanschrift: Obere Friedensstraße 6)
37276 Meinhard-Schwebda

Öffnungszeiten:
April bis Oktober am 1. Samstag des Monats 14–17 Uhr oder nach Voranmeldung unter Tel. 0 56 51 5 06 59 oder E-Mail: MuseumSchwebda@aol.com

Anfahrt mit öffentlichen Verkehrsmitteln:
Ab dem Bahnhof in Eschwege mit dem Bus 200 Richtung Mühlhausen bis zur Haltestelle „Schwebda Mitte" (Fahrtzeit: 11 Min.).

Kuriositäten in der Nähe:
- Heizkesselmuseum in Allendorf
- Steinernes Haus mit Aborterker aus Steinen der Wasserburg Schwebda in Schwebda

Ein Berg zum Naserümpfen

Die Stinksteinwand am Hohen Meißner

Wenn es Ihnen stinkt, in Ihrer Wohnung zu sitzen, dann vertauschen Sie doch den Duft von daheim mit dem in der freien Natur. Im Naturpark Meißner-Kaufunger Wald werden Sie da eine „dufte" Entdeckung machen, denn dort schwelt seit über 300 Jahren ein Brand, der einen ganz eigenen Geruch verbreitet.
Von der Gaststätte Schwalbenthal bzw. vom Parkplatz Schwalbenthal, die zum Ortsteil Vockerode der Gemeinde Meißner gehören, wandern Sie entweder den Schildern Richtung Kalbe und Frau-Holle-Teich folgend oder einfach der Nase nach eine Treppe hinauf. Spätestens da kommt Ihnen auch schon der Gestank entgegen. Es werden Erinnerungen an Winterurlaube im Adlergebirge oder anderswo in Osteuropa wach, denn es ist genau der Geruch, dem man dort meist folgt, um die nächste menschliche Siedlung zu finden. Hier am Hohen Meißner aber werden Sie enttäuscht werden. Es ist nämlich kein Schornstein, der da raucht und eine Mischung aus Kohle und Kohlduft verströmt: Es ist der Berg selbst. Geld stinkt zwar nicht, Kohle aber schon. Und die schwelt unter dem Basalt des Berges reichlich.

Warum haben wir so viel Kohle?

Vor etwa 3000 Millionen Jahren herrschte in Deutschland ein tropisches Klima. Es war dauernd feucht und das damals noch nicht erfundene Thermometer sank nie unter 20 °C. Es regnete oft und heftig das ganze Jahr hindurch. Riesige Wälder gediehen. Sie bestanden aus Schachtelhalmen, eine der wenigen Pflanzen, die es bis heute noch gibt, Schuppenbäumen, deren Stammdurchmesser bis zu 2 m betrug, und Siegelbäumen. Bei Überflutungen lagerten sich auf umgestürzten Stämmen Lehm- und Sandschichten ab. Es kam keine Luft mehr an die Pflanzen und das Pflanzenmaterial konnte nicht vermodern. Außerdem wurde der Druck auf die unteren Schichten zunehmend stärker, es entstand nach und nach Steinkohle.
Die Braunkohle ist jünger. Sie besteht aus Pflanzen aus dem Miozän vor 12 Millionen bis 20 Millionen Jahren. Dort, wo heute der Meißner aufragt, lag ein großer Sumpfwald aus Tupelobäumen und Sumpfzypressen, die bis zu einem Meter tief im Wasser stehen können, ohne Schaden zu nehmen. Das Klima war zwar schon deutlich kälter als zur Zeit der Steinkohlewälder, aber noch wärmer als heute.

Absperrungen und auf Steine gemalte, leuchtend blaue Totenköpfe warnen vor den stinkenden, warmen Steinen, auf denen im Winter kein Schnee liegen bleibt. Allerdings geht die Gefahr weniger von dem je nach Windstärke gewaltigen Gestank aus, sondern von den abbröckelnden Steinen.
Wer dem Gestank besonders nahe kommen will, der kann bei den Naturparkführern eine geführte Wanderung hin zum Brandherd machen. Von einer Terrasse am Höhnestein hat man das zerbröselnde Waldstück im Blick. Der Stein platzt ab, weil unter ihm Hohlräume entstehen, dort wo die Kohle schon versengt ist. Sie ist im Gebiet des Meißners stark schwefelhaltig und enthält Phosphor. Die Braunkohle könnte sich selbst entzündet haben. Immerhin ist gesichert, dass es im Hohen Meißner schon seit über 300 Jahren brennt. Der Bergbau hat aber sicher dazu beigetragen, dass Sauerstoff an die Flöze kommt und sie am Glühen hält. Im Jahr 2000 glomm die Kohle so stark, dass man direkt in die Glut sehen konnte. Die Glutstelle wurde inzwischen mit Schlamm abgedichtet. Im Sommer aber kommt es bei großer Hitze immer wieder vor, dass die Feuerwehr in den Wald ausrücken muss, um Bäume zu löschen, die wegen der austretenden, heißen Gase Feuer gefangen haben. Die Menschen in den umliegenden Gemeinden fühlen sich hin und wieder von dem Kohlegestank belästigt. Die Wanderfalken scheinen weniger empfindliche Nasen zu haben, denn sie brüten direkt in der stinkenden Wand.
Falls Sie nicht sofort Zeit finden, zum Hohen Meißner aufzubrechen, müssen Sie nicht fürchten, dass das Feuer erloschen ist, ehe Sie es beschnuppern können. Zwar wurden an der Stinksteinwand alleine bis Anfang des 20. Jahrhunderts fast 4 Millionen Tonnen Braunkohle gefördert, wie viel seit 1571, als der Bergbau am Meißner begann, abgebaut wurde, ist nicht genau bekannt. Es sollen aber immer noch 20 Millionen Tonnen im Berg lagern.

Adresse:
Informationsbüro Naturpark Meißner-Kaufunger-Wald
Wolfteroder Straße 4 a
37297 Berkatal-Frankershausen

Anfahrt mit öffentlichen Verkehrsmitteln:
Vom Bahnhof Eschwege mit dem Anruf-Sammeltaxi 229 bis Schwalbenthal. Melden Sie sich mindestens 30 Min. vor Abfahrt unter der Tel. 0 56 51 7 00 07 an (Fahrtzeit: 20 Min.).

Kuriositäten in der Nähe:
- Kitzkammer am Hohen Meißner (Frau Holle soll arbeitsscheue Mädchen in Katzen verwandelt und in die Höhle eingesperrt haben)
- Männerspielplatz Großalmerode

Elefantöse Erotik

Das „exklusivste Spezialgeschäft Europas" in Michelstadt

Michelstadt wirkt nicht gerade wie ein Sündenpfuhl. Enge Gässchen, gesäumt von Fachwerkbauten, wirken beschaulich und einladend, das Spielzeugmuseum im Schloss präsentiert Hunderte jugendfreie Puppen und das Rathaus mit den Arkaden ist jedem Briefmarkensammler als Motiv wohl vertraut.

Doch genau hinter dem pittoresken Marktplatz steht das Haus des Elfenbeins, in dem der Stoßzahnverzierer Ulrich Seidenberg sein Museum der Lust, des Grauens und der grauenvollen Lust betreibt und ein Ladengeschäft besitzt, das er, wie es in seinem Werbeflyer heißt, als das „exklusivste Spezialgeschäft Europas" bezeichnet. Das Museum hat auch am Wochenende feste Öffnungszeiten, die sich auf einem Aushang am Haus ablesen lassen, was nicht heißt, dass das Museum dann in jedem Fall auch geöffnet hat. Er müsse schließlich auch mal was essen und bekomme keine staatlichen Zuschüsse, erklärt das der Schnitzmeister.

Das Verstörende an dem Privatmuseum in den oberen Geschossen eines kleinen Fachwerkhauses sind nicht die Schnitzereien aus aller Welt. Die sind teilweise beeindruckend, filigran und schmückend, wie etwa die mannshohe, aus den Stoßzähnen von Elefanten geschnitzte Pagode, die belebt wird von unzähligen kleinen Figürchen. Jugendfrei sind auch die ausladenden Bouquets mit den zahnigen Blüten, die in Michelbach gefertigt wurden. Selbst kleine indische Babyfigürchen mit winzigen Elfenbeinschniedelchen sind lustig anzusehen und fast so süß wie die Ohrlöffelchen in der Form kleiner Dämonen. Aus China stammen Zahnstocher aus Elefantenzahn.

Wann sind Elefanten ausgewachsen?

Nie! Elefanten wachsen ihr Leben lang – und auch ihre Stoßzähne hören nie auf zu wachsen. Ein achtzigjähriger Elefantenbulle ist dann schon sehr stattlich. Der größte Elefant, der vor etwa 55 Jahren in Angola geschossen wurde, wog 10 Tonnen und war an den Schultern 4 m hoch. Die Stoßzähne eines Bullen wiegen nach 60 Lebensjahren etwa 60 kg. Sie bestehen aus einer einzigartigen Mischung aus Dentin und Kalziumsalzen. Die Stoßzähne dienen dazu, Bäume zu entrinden und im Boden nach Nahrung zu graben.

Kindern mag man auch getrost die zauberhaften, aus einem Stück geschnitzten, durchbrochenen, ineinander liegenden Bälle zeigen und die Netsuke-Figuren, mit denen man in Japan die traditionellen Gewänder schloss. Auch die moderneren Elfenbeinskulpturen, die elegante Damenkörper zeigen, sind nicht anstößig.
Was aber hat den Künstler zu den wilden, bunten, apokalyptischen Gemälden veranlasst, die Frauenkörper wie gedunsene Leiber erscheinen lassen? Teilweise sind sadomasochistische Gruppenorgien mit zwittrigen Figuren dargestellt, deren Gesichter zu Fratzen verzerrt sind. Die meisten Gemälde sind weder gerahmt noch aufgehängt. Sie stehen auf dem Fußboden, angelehnt an die Vitrinen mit den kunstvollen Elfenbeinarbeiten. Alle wirken sie hektisch gemalt, getrieben von einer unheilvollen Lust am abstoßenden Frauenkörper. Wahrscheinlich ist es das, was er in seiner Hausbroschüre als „ungewöhnlich subjektive Form“ benennt. Die Faszination des Hässlichen ist angelehnt an Otto Dix, aber ohne dessen Liebe zum Detail. Es werden sexuelle Szenen mit Nazioffizieren gezeigt, doch ohne klare gesellschaftskritische Pointe.
Frau Seidenberg, eine körperlich gebrechliche, aber durchsetzungswillige Seniorin, die den Eintritt kassiert und alle Besucher warnt, nichts umzuschmeißen, scheint sich an die wilden Phantasien ihres Mannes gewöhnt zu haben, der nicht unter Minderwertigkeitskomplexen leidet. In seinem oben schon zitierten Werbematerial heißt es: „Lehrreiche Hungerjahre und begnadete Abgewogenheit seiner geistigen und manuellen Fähigkeit betrieben sein Fortkommen.“ Wollen Sie nicht trotzdem hinkommen?

Adresse:
Ulrich Seidenberg
Am Rathaus
64720 Michelstadt im Odenwald

Öffnungszeiten:
Meist Mo–Sa 10–12 Uhr und 14–17 Uhr, So 10.30–12 Uhr und 14.30–16 Uhr, abhängig vom Appetit des Meisters; zur Sicherheit besser vor dem Besuch anrufen unter Tel. 06 06 11 31 57.

Anfahrt mit öffentlichen Verkehrsmitteln:
Ab dem Bahnhof in Michelstadt mit dem Bus 50 Richtung Eberbach bis zur Haltestelle „Hammerplatz“ (Fahrtzeit: 2 Min.).

Kuriositäten in der Nähe:
- Erdbachschwinde in Erbach
- Lustige Haushaltswaren bei Koziol in Erbach
- Legionsadler bei Elsbach

Mit links!

Der Linkshänderladen in Neu-Isenburg

Jimmy Hendrix schlug links in die Saiten, Napoleon Bonaparte kämpfte mit links, Ludwig van Beethoven und Philip Emanuel Bach malten ihre Noten mit der linken Hand auf das Papier, Peter Paul Rubens und Michelangelo hatten ebenso wie M. C. Escher und Albrecht Dürer den Zeichenstift in der Linken. Leonardo da Vinci schrieb konsequent von rechts nach links und Albert Einstein war es relativ egal, dass er mit der Linken geschickter war. Dass Clinton linkslastig ist, überrascht nicht so sehr – und auch Charly Chaplin beugte sich nicht der großen Diktatur der Rechtshänder. Auch in einem Rechtsstaat haben es Linkshänder schwer.
Alle diese Berühmtheiten hätten sicher gerne im Linkshänderladen in Neu-Isenburg eingekauft, in dem Frau Link ihrem Namen Ehre macht. Sie ist, man glaubt es kaum, Rechtshänderin. Auf die Idee, sich auf die Suche nach Linkshänderprodukten zu machen, kam sie, als ihre heute über dreißigjährige Tochter die Grundschule besuchte. Damals gab es noch keine Literatur, wie man Kinder fördern kann, die ihr Leben anders herum anpacken, dabei sind rund 30 Prozent der Menschen links geschickter als rechts. Frau Link gibt viele Tipps, etwa, dass Linkshänderkinder immer auf der linken Seite des Tisches oder neben einem ebenfalls linkshändigen Nebensitzer sitzen sollten, damit sie den Nachbarn nicht schubsen, und dass sie das Blatt nach rechts neigen sollten, um ihre Schrift nicht zu verwischen.
Es gibt in dem kleinen Laden im Untergeschoss eines normalen Vorstadtwohnhau-

Linkshänder kurios

Linkshänder begehen jedes Jahr am 13. August den internationalen Linkshändertag und Rechtshänder dürfen natürlich mitfeiern. Linkshänder haben nicht nur eine andere Händigkeit, sondern auch noch andere spezielle Eigenschaften und Fähigkeiten. So können Linkshänder im Durchschnitt Tonhöhen besser unterscheiden und werden häufiger Musiker als Rechtshänder. Unter Linkshändern finden sich mehr Vegetarier als unter Rechtshändern und linkshändige Mädchen bekommen statistisch gesehen früher ihre Periode als rechtshändige. Statistiken besagen ebenfalls, dass blonde Menschen doppelt so häufig Linkshänder sind als Leute mit anderen Haarfarben. Im alten Japan konnten sich Ehemänner von linkshändigen Frauen scheiden lassen, wie viele davon auch blond waren, ist nicht bekannt. Egal, ob man nun Rechts- oder Linkshänder sein mag, die Fingernägel an der dominanten Hand wachsen immer schneller, als die der anderen Hand.

ses viel Schulmaterial, etwa Blockflöten mit Linkshänderbohrung, Spitzer, bei denen man den Stift links herum dreht, Lineale, bei denen man die Zentimeter von rechts nach links ablesen kann, was Schülern Geometrieaufgaben sehr erleichtert, da sie mit dem Lineal Striche ziehen können, ohne mit der Hand die Skala zu verdecken. Und natürlich gibt es Linkshänderfüller – sogar gediegene, mit denen auch ein reiferer Linkshänder sich nicht lächerlich vorkommt.

Frau Link bietet für sie das geeignete Handwerkszeug, denn mit einer Schere für Rechtshänder kann man mit der Linken nur schwer schneiden. Und selbst Rechtshänder tun sich beim Schneiden der Nägel an der rechten Hand mit der Linkshänderschere leichter.

Werkzeuge für Menschen mit zwei linken Händen sind im Linkshänderladen zwar nicht erhältlich. Aber dafür Geldbörsen, die man mit der Linken öffnen kann, ohne dass einem das Geld entgegenfällt und Flaschenöffner, bei denen man schnell den entgegengesetzten Dreh raus hat.

Linkshändersensen und Linkshänderrosenscheren helfen, sich nicht in den grünen Daumen zu schneiden. Linkshänderstrickmuster helfen, dass die linken und rechten Maschen nicht linkisch wirken. Im Angebot ist auch Profiwerkzeug, wie etwa eine Verbandsschere und ein Eiskugelportionierer. Für Australienbegeisterte gibt es einen Linkshänderbumerang.

Die Linksläuferuhren sind eher ein Gag, doch können linkshändige Kinder interessanterweise wirklich schneller diese Uhren lesen – was aber wenig nützt, denn alle öffentlichen Uhren haben die drei rechts und die neun links.

Adresse:
Linkshänderladen
Goethestr. 15
63263 Neu-Isenburg

Öffnungszeiten:
Mo und Do 15–18 Uhr und nach telefonischer Vereinbarung unter Tel. 0 61 02 24 79 29.

Anfahrt mit öffentlichen Verkehrsmitteln:
Ab dem Neu-Isenburger Bahnhof mit dem Bus 662 Richtung Darmstadt-Arheilgen bis Haltestelle „Waldspielpark".

Kuriositäten in der Nähe:
- Geschichte des Kochens anhand von 25 Puppenküchen im Museum Dreieich

Musikalisches Brennholz

Das Instrumenten-Museum Göckes in Neu-Isenburg

Wer Musik zum Beruf machen will, der wird Musiker, Musikinstrumentenbauer, Komponist oder etwas in der Richtung. Herr Göckes ist Blechblasinstrumentenbauer geworden. Er betreibt ein Musikhaus in Neu-Isenburg, wo er Musikinstrumente verkauft und repariert, aber er ist auch leidenschaftlicher Betreiber eines kleinen Museums. Die Größe eines Museums bemisst sich nicht an seiner Fläche, sondern an seinen Ausstellungsstücken. So kann Herr Göckes kleines Museum im Obergeschoss des Geschäftes als großartig bezeichnet werden, denn hier befinden sich echte Raritäten der Instrumentenbaukunst: natürlich viele Blasinstrumente, vor allem Trompeten und trompetenartige, wie eine nur 20 cm lange Minitrompete, Glastrompeten, ein Kornett von der Heilsarmee, eine Sechsecktrompete und viele andere Tuten.

Der Museumsbesitzer sammelt nicht nur leidenschaftlich, er erklärt auch jedes Ausstellungsstück mit Freude und sehr aufschlussreich. Der Besucher wird nicht nur dadurch schlauer, sondern auch durch die gute Beschriftung der Exponate. Vor vielen Dingen dürfte man sonst ratlos stehen. Wozu ist das blasebalgartige Ding mit Filzauflage? Zum Testen von neuen Mundharmonikas, erklärt Herr Göckes. Und was zum Kuckuck ist eine Rolmonika? Ganz klar: eine mechanische Mundharmonika mit Lochstreifen, für Musiker ohne Puste und Talent. Für diese Gattung Mensch gab es früher noch andere Musikinstrumente, wie das Guitarion oder Guitarola genannte Gerät von der Firma Marma aus Mainz von 1936. Theo Schmidt-Salm erfand es Anfang der 1920er-Jahre und schrieb: „Die Guitarola ist ein Zusatzinstrument zur Gitarre und Laute, das auf einfachste und bequemste Art und Weise das zur Akkordbildung erforderliche Niederdrücken der Saiten auf die Bünde mechanisch bewirkt. Durch einen Druck auf einen Tastenhebel werden alle 6 Saiten der Gitarre zu einem harmonischen Akkord zusammengestimmt, so dass die Tätigkeit der linken Hand ungemein vereinfacht wird und somit keinerlei Schwierigkeiten mehr bereitet". Man könnte diese Erfindung als eine idiotensichere bezeichnen, die sich bis in die 60er-Jahre gut verkaufte.

Es gibt im Museum aber auch Gitarren zu sehen, die ohne mechanische Hilfsmittel gespielt wurden, so eine echte Hannabach, gebaut um 1850, Schlaggitarren aus den Fünfzigern, Wandergitarren und eine völlig vom Holzwurm zerfressene Klampfe. Das absolute Highlight der Gitarrenausstellung ist jedoch eine Seltenheit, ein wahrlich kurioses Einzelstück und einmaliges Zeugnis der Gitarrenbaukunst: eine fast komplett aus Streichhölzern gefertigte Gitarre! Sie sieht nicht nur wie eine aus,

Klassifikation von Musikinstrumenten

Man unterscheidet die Instrumente nach den Elementen der Schwingungen und teilt sie so grob in vier unterschiedliche Gruppen ein. Hier geht es um die Klangentstehung, nicht dessen Erregung (zum Beispiel Zupfen oder Streichen).
Idiophone: Es schwingt bei Erregung primär ein fester Stoff mit Eigenspannung. Zu dieser Kategorie gehören Becken, Glocken, Stimmgabeln oder Glasharmonikas, Kastagnetten, Xylophone, Nagelgeigen und Schnarren.
Chordophone: Bei Chordophonen wird primär ein fester Stoff mit eindimensionaler Spannung in Schwingung versetzt. Diese Gruppe umfasst somit die Saiteninstrumente.
Membranophone: Hier schwingt ein fester Stoff mit zweidimensionaler Spannung. Dies sind zum Beispiel Trommeln, Schellentrommeln und Pauken.
Aerophone: Die Luft wird durch das Instrument in periodische Schwingungen versetzt. Diese Kategorie wird zum großen Teil durch die Instrumente gebildet, die als Blasinstrumente – im weitesten Sinne, denn auch Orgeln gehören dazu – bezeichnet werden.

sie ist voll spielbar und wurde von einem unbekannten Fachmann angefertigt. Die Streichhölzer sind alle abgebrannt, vermutlich war der Erbauer Kettenraucher.
Zu viel über die anderen Instrumenten in der Ausstellung wollen wir aber nicht verraten, alles kann hier auch nicht beschrieben werden, dafür ist die Vielfalt in Herr Göckes Museum zu groß. In jedem Fall lohnt sich ein Besuch für jeden Musikinteressierten und sogar für Dirigenten. Eine schöne Sammlung von über hundert Jahre alten Taktstöcken in Elfenbein, Palisander und Ebenholz und verschiedene Stimmgabeln wird sicher auch das tonangebende Fachpublikum erfreuen.

Adresse:
Musikhaus Göckes
Schleußenerstr. 10 – 12
63263 Neu-Isenburg

Öffnungszeiten:
Mo, Di, Do, Fr 9–12.30 Uhr und 14.30–18.30 Uhr, Sa 9–14 Uhr;
mittwochs geschlossen.

Anfahrt mit öffentlichen Verkehrsmitteln:
Ab dem Bahnhof Neu-Isenburg mit dem Bus OF-53 bis Haltestelle Frankfurter Straße (Fahrtzeit: 8 Min.).

Lahme Renner, kleine Flitzer

Rock-Racing in Niederbrechen

In Niederbrechen werden große Dinge maßstäblich heruntergebrochen. Dort findet Trucktrial im Miniformat statt. Geländegängige Trucks sind soweit verkleinert worden, dass man mit ihnen Mutters Vorgarten unsicher machen könnte. Weil dies auf Dauer zu innerfamiliären Spannungen führen kann und alleine zu spielen sowieso zu langweilig ist, wurde die IG Modell-Truck-Trial ins Leben gerufen.
Auf dem Gelände von Rockracing, wo auch eine riesige Carrerabahn aufgestellt ist, hat man ein Areal erschaffen, auf dem kleine Geländetrucks per Fernsteuerung über Stock und Stein rumpeln dürfen. Jede Bodenstruktur, die auch im großen Maßstab vorkommt und möglichst mühsam befahrbar ist, hat man naturgetreu nachgebildet. So kann man mit einem zwei-, drei- oder sogar einem fünfachsigen Geländetruck Hügelscher, Baumstämmscher oder Geröllfeldscher befahren.
Die geübten Fahrer tragen hier auch Wettbewerbe aus. 2009 fanden auf dem Gelände von Rock-Racing Europameisterschaften statt, an denen 46 Fahrer aus 6 Ländern teilnahmen. Wer meint, es handle sich beim Trucktrial um ein Spiel, bei dem es einfach um den Spaß geht, der irrt. Es gibt mehrseitige Regelwerke etwa darüber, wie oft bei einem Wettbewerb die Reifen gewechselt werden dürfen und mehrere Schiedsrichter sollen garantieren, dass ja alle Fehlerpunkte korrekt notiert werden. Wem das zu ernsthaft ist, der kann den Taunus-Truckern einfach beim Training auf speziell abgesteckten Parcours zusehen, wie sie ihre Vehikel im Schneckentempo virtuos durch das Gelände fernsteuern. Die LKWs sind mit ihren dicken Ballonreifen, ihren Geländefederungen und Sperrdifferentialen überaus wendig unterwegs.

Wenn es funkt

1898 präsentierte der Physiker Nikola Tesla das erste funkferngesteuerte Modellboot der Welt auf der Weltausstellung in New York. Man nennt Tesla auch den Vater der Robotik.
In den 30er-Jahren des letzten Jahrhunderts fand die Entwicklung der Funkfernsteuerung auf militärischer Ebene statt, man wollte Bomben nach dem Abwurf steuern, um Einzelziele besser treffen zu können. Aber auch im Zivilen gab es Fortschritte. An Pfingsten 1936 stellten Alfred Lippitsch und Egon Sykara das erste ferngesteuerte Modellflugzeug der Welt auf der Wasserkuppe vor, es ist heute im dortigen Segelflugmuseum zu bewundern.

Mitmachen kann jeder, den dieser Sport begeistert. Ein wettbewerbsfähiges Fahrzeug ist allerdings nicht unter 350 Euro zu haben. Die Technik ist für Heimwerker überschaubar. Auch dem direkten Start ins Abenteuer steht nichts im Weg: einen Miet-Truck kann sich jeder auch ohne Fahrerlaubnis für echte Mehrtonner ausleihen – und ab geht es in den Sandkasten. Der Mercedes Actros ist für sechs Euro die halbe Stunde zu haben, also etwa zu dem Preis, für den man im 1:1-Format nur einen VW-Golf geliehen bekommt. Mit etwas Übung gelingt es dann mit dem Leihfahrzeug auch, den Parcours zu befahren.
Alle Fahrzeuge haben einen Elektroantrieb, es stinkt und lärmt also nicht wie bei den großen Fahrzeugen. Und insgesamt sind in Niederbrechen bisher auch noch weniger Menschen verunglückt als zwischen Paris und Dakkar.
Wenn es regnet oder schneit, gibt es spielerisch-motorsportliche Alternativen; die Carrerabahn von Rock-Racing ist eine überdachte und beheizte Rennstrecke. Auf der sechsspurigen Rennbahn kann man mit Porsche oder Renntruck, Fomel1- oder Serienauto die Kuh fliegen lassen. Auch hier werden regelmäßig Meisterschaften ausgetragen, aber auch die Firmenfeier oder der Kindergeburtstag darf hier gefeiert werden, wobei echte kleine Rennen gefahren werden und der Sieger eine Urkunde bekommt. Geeignet ist ein solches Event für Kinder ab sechs Jahren, aber auch Senioren, die bedauern, dass sie ihren Lappen für den Personenkraftwagen abgegeben haben, werden vielleicht Freude beim Spiel mit den kleinen Flitzern haben. Sogar 24-Stunden-Rennen finden hier manchmal statt. Dank Bewirtung in abwaschbar-nüchterner Vereinsatmosphäre verhungern die Motorsportler während dieser Kraft zehrenden, nervlichen Herausforderung nicht.

Adresse:
Rock-Racing Rennbahn und Trial-Center
Limburger Straße 108
65611 Brechen-Niederbrechen

Öffnungszeiten:
Do–Fr 14–20 Uhr, Sa 12–20 Uhr, So 12–19 Uhr

Anfahrt mit öffentlichen Verkehrsmitteln:
Ab Limburg (Lahn) Süd mit dem Bus 282 Richtung Villmar-Seelbach bis Haltestelle Niederbrechen Rathaus (Fahrtzeit: ca. 25 Min.).

Kuriositäten in der Nähe:
- Schreinerei für mittelalterliche Möbel in Neesbach
- Fledermaushotel in einer alten Trafostation in Dauborn

Es düngt nicht nur zur Weihnachtszeit

Rentiere in Niederhausen-Niederseelbach

Familie Link verkauft Weihnachtsbäume. Allerdings ist der Markt um die Fichten und Nordmanntannen für das Wohnzimmer umkämpft, seit die Nadelbäume vor jedem Baumarkt feilgeboten werden. Familie Link musste sich etwas einfallen lassen, um Kunden anzulocken – und überlässt das seit 2007 gerne Rudi und seinen Artgenossinnen. Inzwischen leben bei Links die Rentiere Ingrid, Frieda, Momo, Rudi, Ronya und Lillie.

Jeweils am 3. Advent bietet Familie Link Bäume zum Selberschlagen an. Man kann vor Ort den Baum an den mitgebrachten Christbaumständer anpassen lassen. Es gibt Glühwein vom Lagerfeuer, Pfannkuchen werden serviert und der Nikolaus kommt mit dem Rentierschlitten, auf dem die Kinder mitfahren dürfen. Wenn es die Schneeverhältnisse zulassen, kommt ein traditionell gebauter Samenschlitten mit modernen Polyethylenkufen zum Einsatz. In der Regel ist bei unseren schneearmen Wintern aber eher die niedliche kleine Kutsche im Einsatz, vor die die Rentiere gespannt werden – und auf der vier bis sechs Kinder Platz finden. Es sind vor allem Mädchen, die es nicht erwarten können, eine Runde auf dem Rentierschlitten mitzufahren. Das Angebot wird nicht nur in der Weihnachtszeit genutzt. Immer wieder kommen Kindergeburtstagsgruppen zu Familie Link, damit die Kinder sich von den nordischen Tieren ziehen lassen können.

Man muss auch bei matschigem Wetter keine Bedenken haben, mit den Renern im Morast stecken zu bleiben. In der Heimat der Tiere taut der Boden oft nur an der Oberfläche und es bildet sich eine nasse Schlammschicht über dem Permafrostboden. Die Zehen der Rener sind daran angepasst und lassen sich weit spreizen. Die Hufe sind breiter als bei anderen Hirschen und durch eine Spannhaut verbunden, die die Tiere auf weichem Untergrund trittsicher macht.

Streicheln lassen sich die langbeinigen, kurzschwänzigen Hirsche nicht gerne. Sobald man sie berührt, reagieren sie so, als habe sich ein Mückenschwarm auf ihnen niedergelassen, und versuchen, die Blut saugenden Biester abzuschütteln. Insgesamt sind Rener keine idealen Kuscheltiere; nur langsam lernen sie an der Leine zu gehen und sich einspannen zu lassen. Besonders widerborstig sind die Männchen. Während der Brunftzeit ist es kaum möglich, ein männliches Ren davon abzuhalten, auszubüxen und sich auf die Suche nach einem Harem zu machen. Aus den menschenliebsten Böcken werden dann unzähmbare Rowdies. Aus diesem Grund musste auch Rudi kastriert werden und trabt nun wieder gesittet einher.

Das Geweih

Die Hirsche unterscheiden sich von anderen Huftieren durch ihr Geweih. Bis auf Moschustiere und Wasserrehe haben bei allen Hirschen die männlichen Tiere mehr oder weniger verzweigte Stangen auf dem Kopf, die bei fast allen Arten einmal im Jahr abgeworfen werden und dann wieder nachwachsen.
Das Ren ist eine Ausnahme, denn sowohl die männlichen als auch die weiblichen Rener haben Geweihe. Früher dachte man, die Tiere beiden Geschlechtes benötigen die Schaufeln, um damit Schnee wegzuschippen, um an ihre Nahrung, die Rentierflechten, zu gelangen. Das scheint aber nicht zu stimmen. Die Rener verwenden ihre Hufe, um damit Gänge in den Schnee zu scharren, die sie zu ihrer geliebten Tiefkühlkost führt.
Bei allen Hirschen, das Ren ausgenommen, wächst das Geweih nach einem festen Bauplan. Beim Ren aber können einzelne Enden nachwachsen, ehe das Geweih vollständig ausgebildet ist.

Im Winter befinden sich die Rener auf dem Hof der Links, doch sobald es schön ist, kann man sie den ganzen Tag über in ihrem Gehege sehen, das vom Brückengartenweg aus zugänglich ist. Obwohl die Tiere aus ihrer Heimat Eis und Schnee gewohnt sind, mögen sie keinen Westwind und keinen Regen und ziehen sich dann unter ihren Unterstand zurück: ein dreieckiges Häuschen. Damit der Boden des Geheges nicht überdüngt wird, sammelt Herr Link den Kot der Rentiere ein. Er ist, versichert er, ein idealer Dünger für Weihnachtsbäume.

Adresse:
Familie Link
Tulpenweg 8
65527 Niedernhausen-Niederseelbach

Öffnungszeiten:
Die Tiere kann man zu jeder Tageszeit in ihrem Gehege besuchen. Fahrten mit der Kutsche können im Voraus vereinbart werden unter Tel. 0 61 27 15 28.

Anfahrt mit öffentlichen Verkehrsmitteln:
Ab dem Bahnhof Niedernhausen mit dem Bus 240 Richtung Wiesbaden bis zur Haltestelle Oberseelbacher Straße in Niederseelbach (Fahrtzeit: 6 Min.).

Afrikaner im Germanischen Garten

Der Schlossgarten von Windhausen bei Niestetal-Heiligenrode

Deutschland weist eine bemerkenswerte Dichte an Verbotsschildern auf. Nirgends aber ist Deutschland so deutsch wie in Windhausen. Es ist nur Anliegern gestattet, überhaupt in die Siedlung an der K5 zu fahren. Falls Sie mit dem eigenen Fahrzeug anreisen, parken Sie also besser am etwas tiefer liegenden Parkplatz für die Freunde Deutscher Schäferhunde. Radfahren ist in einer mysteriösen, vermutlich aus den 1930er-Jahren stammenden Einfamilienhaussiedlung am Schloss ebenfalls verboten. Weder am Schloss selbst noch an der restaurierten, uneinsehbaren Riesenscheune prangt ein Firmen- oder Familienname. Ein Bewohner des Nebengebäudes, der auf dem Balkon stand, als wir uns umsahen, reagierte unwirsch auf die Frage nach dem von uns gesuchten Freundschaftsaltar und nach den Denkmälern für Helden des Nibelungenliedes. In russischem Akzent erfuhren wir, dass immer wieder Menschen kommen, um solche Steine zu finden. Der Bewohner sagte, er kenne die Steine nicht. Er wohne schon lange am Ort, aber er wisse nicht, warum jemand im Wald nach Steinen suchen sollte. Das habe er nie getan und es interessiere ihn nicht. Kein Schild weist in den von undurchdringlichen Brennnesselwällen umgebenen Wald, in dem es einst verschlungene Wege gegeben hat und den man heute nur auf einem breiten, aber schönen Forstweg bewandern kann.

Die geselligsten aller Tiere

Zu diesem Ruf sind die Affen gekommen, weil sie sehr viel Zeit damit verbringen, sich gegenseitig das Fell nach Hautschuppen, Parasiten und Schmutz abzusuchen. Man sieht es den Affen an: Die Fellpflege ist nicht nur eine Sache der Hygiene. Durch die liebevollen Berührungen wird in den sich gegenseitig lausenden Affenweibchen das Hormon Beta-Endorphin ausgeschüttet, das ein Glücksgefühl auslöst. Endorphin ist die Abkürzung für *endogenous morphine*, eine in den 1970er-Jahren entdeckte, körpereigene Substanz, die auch wir Menschen produzieren und die luststeigernd, stimmungsaufhellend und schmerzlindernd wirkt.

Der Freundschaftsaltar von Schloss Windshausen war nie frei zugänglich. Auch der einstige Besitzer, Martin Ernst von Schlieffen, der Berater des Landgrafen Friedrich II. von Hessen-Kassel und Bekannter Friedrich Schillers soll nur mit ihm besonders vertrauten Personen an den Altar getreten zu sein. Wir haben uns also leider unsere menschliche Verbundenheit nicht beteuern können, denn wir haben den Altar nicht gefunden.

Gut beschildert allerdings ist der Weg zum Mausoleum, das sich Schlieffen 51 Jahre vor seinem Tod im Germanischen Garten, einem englischen Landschaftsgarten, bei Gut Windhausen errichten ließ. Er ließ über dem Eingang die Worte „Grabmal des ersten Schlieffen" eingravieren, ging also wohl davon aus, dass er noch eine Familie gründen würde. Er tat es nicht und starb 93-jährig im Jahre 1825. Sein Alter verbrachte er nicht im Schloss, sondern zurückgezogen in einer schilfbedeckten Einsiedelei in seinem Park.

Obschon er die Einsamkeit schätzte und im preußischen Militär Disziplin gezeigt hatte, liebte er die Späße seiner Affenbande. „Aber an Verschmitztheit, an Mischung von Güte und Tücken, an Lust gegen Verbot schien es in Affenhaut Menschenart", beschrieb er seine Affen auf der an sie erinnernden Stele. Das „Geschlecht der Africaner" durfte frei im Park leben: „Nicht Sclaverey, das Schicksal seiner Landsleute, der Schwarzen, völlige Freyheit war dessen Loos und ihre Folge Liebe für den Wohlthäter". Durch die Freiheit aber wurden die Affen von tollwütigen Tieren infiziert und bissen krankheitsbedingt um sich, sodass Schlieffen sich entschließen musste, die Tiere zu erschießen. Dies schmerzte ihn so, dass er ein Grabmal für sie errichten ließ, auf dem er die Tiere und ihr Schicksal beschreibt. Wilhelm Busch soll von dem Schabernack, den die Affen auf dem Gut trieben, zu seiner Bildergeschichte „Fips der Affe" angeregt worden sein. Ob die heutigen Windhauser ihre Verbotsschildsammlung aus Angst vor wilden Affenhorden aufgestellt haben?

Adresse:
Germanischer Garten bei Gut Windhausen
Gemeindeverwaltung Niestetal
Heiligenröder Str. 70
34266 Niestetal

Anfahrt mit öffentlichen Verkehrsmitteln:
Ab dem Bahnhof Oberkaufungen zu Fuß über die Jugendburg Sensenstein und von dort auf dem Eco-Pfad zum Gut Windhausen.

Kuriositäten in der Nähe:
- Flugzeugmodellhersteller Limox in Bettenhausen
- Sechsschienengleis in Kaufungen

Eisbein

Schlittknochen und Garderobenbär in Oberursel

Der Name Oberursel leitet sich von der Heiligen Ursula her. Der Name Ursula bedeutet aus dem Lateinischen übersetzt „kleine Bärin". Und natürlich gab es in Oberursel auch eine Gaststätte, die dem Bären huldigte, das Bäreneck. Das Gasthaus wurde 1990 abgerissen, doch vorher brachte man die Garderobe ins Vortaunusmuseum – wo nun die Besucher ihre Schirme in den bärigen Schirmständer stellen können. Die Garderobe besteht aus einem vorne mit Messingstäben vergitterten mannshohen Kasten, in dem ein junger, glasäugiger Braunbär auf einem grünen Filzteppich auf den Hinterbeinen steht und sich an den Metall-Stäben festhält, die oben in türmchenartigen Fialen enden. Am Gesims sind Kleiderhaken angeschraubt. Die Wand hinter dem Bären ist dunkelbraun. Eine Pfote hatte das ausgestopfte Raubtier wohl zur Begrüßung der Kneipengänger aus dem Käfig gestreckt. Sie musste im Laufe der Jahre durch einen Filzhandschuh ersetzt werden.
Tote Säugetiere werden nicht automatisch zu Kneipenmobiliar umfunktioniert. Es gibt auch weitere erstaunliche Verwendungsmöglichkeiten. Eine ist in einer Vitrine neben weiteren Exponaten des 14. Jahrhunderts ausgestellt.

Raubritter

In älteren Büchern taucht immer wieder der Begriff Raubritter auf. Niedere Adelige seien bei dem Übergang zur Geldwirtschaft verarmt, weil ihre Territorien ihnen nur Lebensmittel, aber kein Einkommen eingebracht haben. Sie hätten nun die Landstraßen unsicher gemacht und Händler überfallen, die zu dieser Zeit oft mehr Geld hatten als die Adeligen. Nun mögen sich zu allen Zeiten Ritter gerne an Vorbeireisenden bereichert haben, oft aber hatten Überfälle politische Hintergründe. Die Ritter von Bommersheim etwa hatten sich mit dem mächtigen und nicht am Hungertuch nagenden Erzbischof von Mainz, Adolf I., und dem Grafen Walram von Nassau sowie weiteren Rittern, Edelknechten und Grafen, aber auch der Stadt Basel zum Löwenbund zusammengeschlossen. Sie hatten genaue Regeln und Richtlinien, waren also keine Schwerenöter, die mal eben auf Raubzug gingen, wenn der Magen knurrte. Alle 120 Mitglieder waren Anhänger des Gegenpapstes Clemens VII., wohingegen Frankfurt zum offiziellen Papst Urban VI. stand. Wenn die Ritter von Bommersheim Frankfurter Kaufleute überfielen und die Stadt Frankfurt daraufhin die Ritterburg platt machte, war das mehr als ein kleines Scharmützel um Gut und Geld.

1988–1993 wurde auf der zu Oberursel gehörigen Burg Bommersheim archäologisch gegraben. Das Ergebnis ist interessant, weil die Burg 1382 zwar mit Vorwarnung, aber doch für die Bewohner unerwartet zerstört worden war. Die Stadt Frankfurt, die nicht hinnehmen wollte, dass in die Stadt reisende Kaufleute von den raubenden Rittern im Taunus angegriffen wurden, hatte die Fehde erklärt und binnen weniger Tage angegriffen. Damals lebte nicht nur eine Familie auf der Burg, vielmehr mussten sich mehrere Adelsfamilien die befestigte Anlage teilen. Es handelte sich um eine Art Ritter-WG.

Bei den Grabungen konnte man herausfinden, was die Bewohner der Burg gegessen haben. Man fand auch das Geschirr, Kleiderschließen, Ketten, Maultrommeln und abgeschliffene Knochen mit Löchern. Dies waren mit großer Wahrscheinlichkeit Schlittknochen. Pirouetten ließen sich mit diesen einfachen Kufen, die in Europa mit Bändern unter die Schuhe gebunden wurden, keine drehen, aber – so haben Wissenschaftler herausgefunden – das Gleiten auf Bächen oder über Seen kostete ein Zehntel weniger Energie, als wenn man die gleiche Strecke gehend zurücklegen würde. Als Schlittknochen verwendete man Mittelfußknochen und Unterschenkel von Rindern und Pferden. Im Museum wird anhand einer Rekonstruktion gezeigt, wie die Befestigung am Fuß funktionierte.

Der Schlittknochen war keine Erfindung der Ritter von Bommersheim. Schon vor etwa 3800 Jahren zogen finnische Jäger und Sammler auf Schlittknochen entlang des Bottnischen Meerbusens. Erst im späten Mittelalter setzten sich Schlittschuhe durch, bei denen Eisenkufen an Holzplatten befestigt waren und die dem Schlittschuhläufer einen besseren Halt gaben.

Adresse:
Vortaunusmuseum
Marktplatz 1
61440 Oberursel/Taunus

Öffnungszeiten:
Mi 10–17 Uhr, Sa 10–16 Uhr, So 14–17 Uhr.

Anfahrt mit öffentlichen Verkehrsmitteln:
Ab dem Bahnhof Oberursel (Taunus) mit dem Bus 42 Richtung Hauptfriedhof oder mit dem Bus 45 Richtung Oberstedten bis zur Haltestelle „Marktplatz“ (Fahrtzeit: 4 Min.).

Kuriositäten in der Nähe:
- Dachziegelsammlung La Frage in Oberursel
- Fotografien von Julius Neubronner, dem Erfinder der Brieftaubenfotografie, im Stadtmuseum in Kronberg (Taunus)

Wässrige Schwerkraft

Bergauf fließendes Wasser bei Oberweser-Gieselwerder

Ein Apfel fällt zu Boden. Wasser fließt bergab. Das kann gar nicht anders sein, denn die Schwerkraft ist überall auf der Welt vorhanden und sie übt auf alles eine Anziehungskraft aus, was Masse hat. Klar war das den Menschen immer. Niemand erwartete je vom Wasser, dass es ohne Pumpe nach oben fließt. Warum das so ist, konnten schon Galilei, Newton und Kepler erklären.

Im Reinhardswald scheint es aber anders zu sein. Dort liegt ein schmales Bachbett, umsäumt von dunkelgrünem Moos. Daneben verläuft ein idyllischer Wanderpfad auf weichem Waldboden. Wenn man die Straße von Gottsbüren nach Gieselwerder hinuntergeht, stößt man auf eine Haltebucht mit zwei Schildern, eines, das sich über biblische Wunder lustig macht, ein anderes, das dazu aufruft, die Werke des Herrn zu bewundern.

Das Holzschild behauptet mit lokalem Patriotismus:
Als Moses an den Felsen klopfte,
geschah es, dass das Wasser tropfte,
das Wunder ist schon viel tausend Jahre alt
doch größer ist das Wunder hier im Reinhardswald.

Die Inschriftenplatte auf einem Stein verkündet:
„Die Werke des Herrn sind groß, zum Staunen für alle. Psalm 111,2".

Mag auch das Wasser ein Werk der Herrn sein, das Bachbett ist ein Gebilde von Menschenhand. Es ist ein Mühlkanal, der angelegt wurde, um ein Wasserrad zu betreiben. Der Bürgermeister von Oberweser, Rüdiger Henne, bezeichnet die physikalische Sensation als „touristisches Nebenprodukt".

Das wahre Wunderwerk ist unser Gehirn, das uns das Gefühl des Wunderbaren vermittelt. Wir stehen und staunen. Der Bach kommt, wie wir sehen, von unten, wird in Rohren unter der Straße hindurchgeleitet, um dann über der Straße weiter zu einem Becken zu fließen, wo es gesammelt

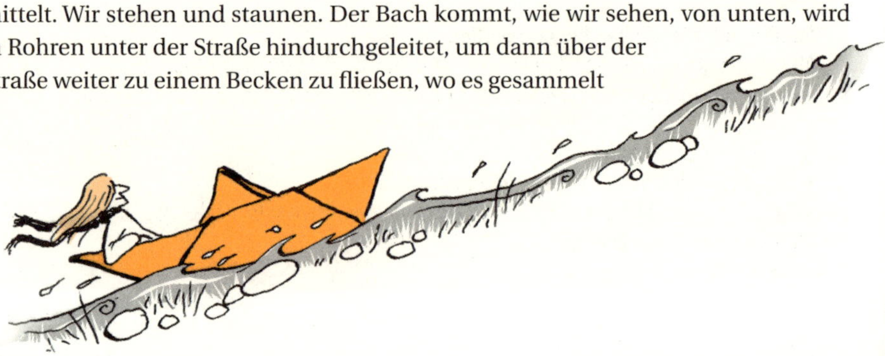

Wasserfarben

Das Wasser, das in dem Bach vermutlich bald wieder fließt, wird durchsichtig sein, so unsere Prognose. Wasser ist in reiner Form nämlich farblos. In dem Wasserbecken, in dem es am Ende des Bachlaufes gesammelt wird, ist es bräunlich, was von im Wasser gelösten Erdpartikeln kommt. Tiefere Wässer schimmern in der Regel bläulich. Wasser wirkt wie ein Lichtfilter. Schon in einem Meter Tiefe ist das Rot des Sonnenlichts fast vollständig verschluckt. Orange schafft es noch bis 10 m Tiefe, gelb und violett etwas weiter. In 20 m Tiefe ist nur noch das Blaugrün übrig. Natürlich spielen auch der Bewölkungsgrad des sich spiegelnden Himmels und der Sonnenstand eine Rolle, welche Farbe wir sehen, wenn wir ins Wasser schauen. Es gibt unglaublich viele Farbvarianten. Das Rote Meer ist nur morgens rot, wenn die Sonne tief auf die roten Granitfelsen des Sinai scheint. Den Gelben Fluss färbt der Lösslehm gelb, von denen der Fluss 600 Millionen Tonnen pro Jahr mit sich ins Meer schleppt. Der Rio Negro, ein Schwarzwasserfluss, ist extrem sauerstoffarm. Es gibt daher in ihm keine Fische, nicht einmal Mückenlarven. Der Boden der Schwarzwasserflüsse ist daher auch in 3 m Tiefe dunkel zu sehen.

wird. Wenn wir den Verlauf des Bachbettes betrachten, sind wir sicher: Das Wasser fließt von der Straße aus gesehen bergauf. Wenn wir aber darauf achten, wie sich die abgefallenen Buchenblätter im Bachbett ausrichten, dann stimmt die Fließrichtung wieder.

Und was lernen wir daraus? Trau deinen Augen nicht! Sie sind schärfer als unser Gleichgewichtssinn, aber sie wollen unserem Gehirn auch manchmal einen Streich spielen. Dort schlägt falsch fließendes Wasser Wellen der Verwirrung!

Adresse:
Gemeinde Oberweser-Gieselwerder
Brückenstraße 1
34399 Oberweser-Gieselwerder

Anfahrt mit öffentlichen Verkehrsmitteln:
Ab dem Bahnhof in Hofgeismar mit dem Bus 192 Richtung Wahlsburg-Lippoldsberg bis zur Haltestelle „Gieselwerder Neustadtstraße“ (Fahrtzeit: etwa 35 Min.).

Kuriositäten in der Nähe:
- Miniaturmühlen auf dem Mühlplatz in Gieselwerder
- Hexenladen in Hohenkirchen

Schlangestehen – um Beton zu sehen

Älteste Betonteile Deutschlands im Dreieichpark in Offenbach

Beton gibt es nicht erst seit gestern. Schon die Römer bauten ab dem 3. Jahrhundert v. Chr. mit *Opus Caementitium*, einem Gemisch aus Bruchstein, Vulkanasche und Ziegelmehl sowie Sand und gebranntem Kalk. Römischer Estrichboden war sehr solide, man kann ihn heute noch nach über zweitausend Jahren in ausgegrabenen römischen Villen in gutem Erhaltungszustand vorfinden.
Noch fester wurde der Beton, als man in neuerer Zeit herausfand, dass Kalk und Ton, der über 1450 °C erhitzt wurde, sintert, also teilweise schmilzt. Vermischt man den so entstehenden Zement mit Wasser, Splittern verschiedener Gesteinsarten und anderen mineralischen oder auch chemischen Zuschlagsstoffen, bilden sich lange Kristallnadeln, die sich ineinander verhaken, wenn der Beton abbindet. Das Kristallwachstum kann monatelang dauern und ist von der Trocknung unabhängig. Seine Endfestigkeit erreicht Beton so also oft erst nach Monaten. Er ist dann höchst druckfest.
Um das zu beweisen, errichtete die Offenbacher „Cementfabrik Feege & Gotthardt" im Rahmen der Landesgewerbeschau 1879 ursprünglich reinweiße Betonbauwerke und zeigte dem staunenden Publikum, wie belastbar die Betonkonstruktionen waren. Die Menschen drängten sich auf die Ausstellungsfläche, um die Neuheit zu bewundern. Das klingt für heutige Ohren erst einmal ziemlich langweilig, damals war es aber eine technische Sensation, die zukünftig völlig neue Konstruktionsmöglichkeiten eröffnen sollte. Die Betontechnologie steckte noch in den Kinderschuhen, Konstruktionen aus Beton waren selten, höchst exklusiv und auch noch recht kostspielig. So sollte es noch ein paar Jahrzehnte dauern, bis sich Beton als alltäglicher und günstiger Werkstoff durchsetzte. Um so toller fanden die Besucher der Landesgewerbeschau die neuartigen Bauwerke und wer mit diesem Verständnis heute die über 130 Jahre alten Ausstellungsstücke betrachtet, wird manch hässliche Fußgängerbrücke in Zukunft mit anderen Augen sehen.
Das Ensemble besteht aus einem Brückenbogen, der den Fußgängerweg überspannt, und einem etwa 3,50 m hohen Tempel mit Kuppel und seitlichem Balkon. Die Formen sind ohne Eisenbewehrung aus einem recht grobkörnigen Beton gegossen worden und erscheinen ganz und gar nicht klobig, wie man es vielleicht bei einer solchen Urkonstruktion vermuten würde. Sie wurden inzwischen mit Metall-

stützen versehen, in den 1970ern renoviert und 2006 noch einmal ausgebessert – und zeigen heute noch ihre Standhaftigkeit. Sie können auf den Gewölben, die praktisch unbeschadet zwei Weltkriege überdauerten, unbesorgt Hüpfen, es sei denn, Sie haben einen Kuriositätensuchhund an der Leine, der sie über den Rand der Brücke, die kein Geländer besitzt, ziehen möchte. Wir haben es geprüft und es ging noch mal gut.

Geblieben ist von der Gewerbeausstellung neben den Betonteilen ein rund 7,5 ha großer Park, in dem mehr als 800 gewerbliche Aussteller aus Hessen – darunter 238 Firmen aus Offenbach – ihre Produkte vorführten. Der Dreieichpark wurde so zum ersten öffentlichen Park der Stadt Offenbach, die damals noch keine 40 000 Einwohner hatte. Im Gegensatz zum Ausstellungsgebäude blieben die teilweise exotischen Bäume, ein Musikpavillon und ein Teich mit ursprünglich dampfmaschinengetriebenen Springbrunnen erhalten. Aus dem Jahr 1906 stammt das an der Frankfurter Straße stehende Toilettenhäuschen. Die Ursprungsklos waren aus Wellblech.

Ein ganz neuer Bewohner des Parks ist der Minotaurus des Künstlers Bernd Rosenheim: Die Skulptur der mythologischen Figur, die halb Mensch, halb Stier ist, erinnert mit ihren weit voneinander stehenden Hörnern und ihrem glänzenden Panzer an Fantasyfiguren. Die 2,50 m große Statue aus Edelstahl mit beachtlicher männlicher Ausstattung wurde erst im März 2010 aufgestellt. Da der Dreieichpark aber seit den 1970er Jahren gerade Wege hat, muss niemand fürchten, sich wie der überlieferte Minotaurus im Gartenlabyrinth zu verlaufen.

Adresse:
Dreieichpark
Dreieichring
63067 Offenbach

Kontakt über
Denkmalschutzbehörde
Berliner Straße 60
63065 Offenbach am Main

Anfahrt mit öffentlichen Verkehrsmitteln:
Ab Frankfurt am Main Hauptbahnhof mit der Tram 16 Richtung Offenbach bis zur Haltestelle „Stadtgrenze Offenbach“ (Fahrtzeit: 25 Min.).

Kuriositäten in der Nähe:
- Eiche mit vom Blitz gespaltener Rinde im Wetterpark Offenbach
- Sandsteinnarr am historischen Rathaus Bergen-Enkheim mit dem Spruchband „Far du gauche“, einem Abwehrspruch gegen reisende Gaukler

Schuhschau

Schrumpfköpfe und Turnschuhe im Deutschen Ledermuseum in Offenbach

In Deutschland muss man als Zeichen des Erwachsenseins ein Auto haben, bei den Shuar in Ecuador war es ein Schrumpfkopf. Mit dem Schrumpfkopffest tritt ein junger Mann ins Leben ein. Lange handelten überhebliche, europäische Abenteuerromane von der bei den fremden Völkern beobachteten Lust am Töten und den faszinierend-abschreckenden Riten. Doch es waren gerade die westlichen Sammler des Makabren, die die Schrumpfkopfproduktion anregten, weil sie immer mehr der miniaturisierten Menschenköpfe als Souvenirs verlangten. Ursprünglich stand nicht die Freude am Mord hinter den kleinen, glänzenden Bällen aus menschlicher Kopfhaut, sondern der Glaube, dass im Kopf des Feindes, den man bei einer Fehde tötete, Seelenkräfte stecken, die der Sieger nutzbar machen kann, wenn er verhindert, dass bei dem Toten die Seele aus dem Mund entweicht. Die Münder der toten Feinde wurden daher zugebunden, die Kopfhaut vom Schädel gelöst, in Kräutersud gekocht und so lange mit heißen Steinen befüllt, bis durch die Hitze das Wasser und Fett aus der Haut herausgelöst war und sie sich verkleinert hatte. Die Haare aber blieben unverkürzt erhalten, weswegen auch die in einer Vitrine im ethnologischen Teil des Ledermuseums Offenbach ausgestellten Schrumpfköpfe über eine sehr üppige Haarpracht verfügen. Aus ethischen Gründen ist heute die Produktion von Schrumpfköpfen aus menschlichen Leichen untersagt. Die Shuar behelfen sich daher mit Faultierköpfen.

Aussprüche von Joschka Fischer, erst hessischer Umweltminister, dann Bundesaußenminister:

„Gott sei Dank, dass meine Eltern da involviert waren, weil bei uns der Papst das Sagen hatte und nicht Hitler." (1984)

Zu Helmut Kohl: „Sie sind Geschichte, im guten und im schlechten Sinne, das haben Sie immer gewollt. Aber in Zukunft werden Sie nicht mehr sein als drei Zentner Fleisch gewordene Vergangenheit." (1995)

„Berlin ist die größte türkische Stadt außerhalb der Türkei. Und wir leben friedlich zusammen." (2004)

„Ich war einer der letzten Live-Rock'n'Roller der deutschen Politik. Jetzt kommt in allen Parteien die Playbackgeneration." (2005)

Exponate aus Menschenhaut sind im Ledermuseum in der Minderzahl. Die Haut von Brillenschlangen und Kröten, wie man sie im Erdgeschoss des Museums zu Taschen und Gürteln verarbeitet sieht, wirkt schon eleganter.
Von besonderer Eleganz aber sind natürlich die Turnschuhe, die Joschka Fischer bei seiner Vereidigung als hessischer Minister trug. Dies war zu einer Zeit, als Grüne Abgeordnete im Parlament noch Pullover strickten und lange bevor Joschka als Bundesaußenminister seinen Körper in schicke Anzüge presste. In derselben Vitrine berühmter Schuhe sind auch die Tanzschuhe aus goldgefärbter Seide mit Pompomspitze ausgestellt, die die österreichische Kaiserin Sissi zu Bällen getragen hat. Sie sind deutlich kleiner als Joschkas sportive Treter, aber riesig im Vergleich zu den winzigen Schuhen, die aus China stammen. Noch Anfang des letzten Jahrhunderts wurden dort bei höher gestellten Mädchen die Zehen und Mittelfußknochen gebrochen und die Fußspitze unter die Fußsohle gebunden. Schönheitsideal waren Lotosknospen, verkrüppelte Füße, die jeden Schritt qualvoll machten.
Das beeindruckende Museum, für das ein einziger Besuch kaum reicht, zeigt Schuhe aus aller Welt und für jeden Einsatz. Aus Argentinien stammen hellgraue, sanft gebogene Reitstiefel, die aus der Rohhaut einer einzigen Seekuhflosse hergestellt wurden. Aus Äthiopien sind geflochtene, koptische Totenschuhe ausgestellt, die man in einem Grab gefunden hat. Eine verblüffende Ähnlichkeit mit Tennisschlägern haben die Rahmenschneeschuhe aus Kanada. Nordamerikanische Mokassins mit Stickerei aus eingefärbten Borsten zeigen Freude an bunten Mustern.

Adresse:
Deutschs Ledermuseum Offenbach
Frankfurter Straße 86
63065 Offenbach am Main

Öffnungszeiten:
Di–So 10–17 Uhr, montags nur bei Voranmeldung unter Tel. 069 82 97 98 0.

Anfahrt mit öffentlichen Verkehrsmitteln:
Ab Frankfurt mit den S-Bahnen S1, S2, S8 und S9 bis um Haltepunkt „Ledermuseum“ (Fahrtzeit ab dem Bahnhof in Frankfurt-Höchst oder ab dem Regionalbahnhof Frankfurt-Flughafen etwa 25 Min.).

Morbide Töne

Menschenknochenflöte und Totenhörner in Ortenberg-Lißberg

Wenn ein Mensch gestorben ist, so wird er in Tibet dem ewigen Kreislauf der Natur zurückgegeben. Weil der Boden dauerhaft gefroren ist und daher Leichen nicht in der Erde bestattet werden können, werden Tote zerhackt und so den Geiern zum Fraß angeboten. Die von deren Mahl übrig gebliebenen Knochen werden zermahlen und erneut den Tieren vorgesetzt. Erst nach diesem Ritual ist der Mensch erlöst und im Einklang mit der Welt. Verbrechern wird das verweigert. Für eine festgelegte Zahl an Jahren wird ein Oberschenkelknochen zurückbehalten und in einem buddhistischen Bön-Kloster als Musikinstrument verwendet – als Kangling, als Flöte. Ob der Übeltäter, dessen Knochen in Lißberg hängt, seine Nach-Todesstrafe verbüßt hat, ist unbekannt. Allerdings hat sich bisher noch kein Ersatzverbrecherknochen gefunden – und zumindest auf den ersten Blick scheint es auch schwer zu sein, einen solchen in Lißberg aufzutreiben.
Das mit einem untersetzte, pausbäckige Musiker zeigenden Relief verzierte Museumshäuschen, das früher als Schulgebäude genutzt worden ist, liegt direkt neben der Kirche an der Schildmauer der alten Burganlage. Man hat einen Blick über das Tal und den Stauweiher. Auf der Museumstreppe räkeln sich Katzen – und nichts lässt vermuten, dass sich hier eine musikethnologisch und -historisch bedeutsame Sammlung befindet, die zeigt, dass Musik mehr ist als Unterhaltung.
Die äthiopischen Tierhörner, auf denen jeder Besucher Töne erzeugen darf (wenn er es schafft), hängen im östlichen Sahel an jeder Haustüre. Mit ihnen verkündet man, dass ein Toter zu beklagen ist. Durch die hohe Aidsrate vergeht kaum mehr ein Tag, ohne dass die durchdringende Totenklage durch Städte und Dörfer hallt.
Aus Ostafrika stammt die Flöte aus der Haut einer Schlange und aus Israel das Schofar, ein Widderhorn. Sein Klang, der weiter trägt als der von Blechblasinstrumenten, soll nach biblischer Überlieferung die Mauern Jerichos zum Einsturz gebracht haben.

Schwerpunkt der Sammlung bilden die von Kurt Reichmann teils gesammelten, teils selbst gebauten Drehleiern. Drehleiern sind Streichinstrumente, bei denen der Musiker keinen Bogen braucht, um die Saiten zum Schwingen zu bringen, sondern an einem Rad dreht, das die Saiten anstreicht. Anders als bei einer Violine werden die Saiten nicht direkt mit dem Finger, sondern durch das Drücken von Tasten verkürzt. Das machte sie einfacher spielbar. Die Drehleier war daher in allen Bevölkerungsschichten beliebt. In der Sammlung befindet sich die Leier von Marie Antoinette, der letzten französischen Königin, kunsthandwerklich wunderschön verzierte Drehleiern, ebenso wie eine einfache ukrainische Bauernleier, die mit Herzchen aus Rinderknochen verziert ist. Damit man nicht immer nur die alte Leier hört, hat der Drehleiherbauer Reichmann 1979 für seinen Sohn die Stromleier kreiert! Da der Sprössling von der Elektroausführung nicht elektrisiert wurde und der Drehleierfunke vom Vater nicht auf den Sohn übergesprungen ist, steht die Leier heute im Museum neben einem Nürnberger Geigenwerk, ein ausgestorbenes Instrument, das der Vater für den Film „Der Name der Rose" nachgebaut hat. Das waagrechte, auf Beinen stehende Instrument, das mit seinen Tasten an ein Cembalo erinnert, ist ziemlich wartungsintensiv, da die Saiten immer wieder neu mit kleinen Wattebäuschchen umwickelt werden müssen.
Neben spielbaren Instrumenten zeigt das Museum auch Miniaturen und einige alte Illustrationen. Die pikanteste ist wohl die, die das männliche Gemächt als Sackpfeife darstellt, die von einer Dame virtuos gespielt wird. Haste da noch Töne?

Adresse:
Musikinstrumentenmuseum Lißberg
Schloßgasse (neben der Kirche)
63683 Ortenberg-Lißberg

Öffnungszeiten:
April bis Oktober jeden 2. und 4. Sonntag 15–17 Uhr. Eine Besichtigung mit Führung (inklusive Burgturm und Kirche) ist jederzeit nach telefonischer Anmeldung möglich: Terminvereinbarungen macht Beate Schubert, Tel. 0 60 46-4 32.

Anfahrt mit öffentlichen Verkehrsmitteln:
Ab Bahnhof Stockheim mit dem Bus FB-22 Richtung Gedern, Haltestelle Lißberg, Vogelsbergstraße.

Kuriositäten in der Nähe:
- Kirche aus Weiden in Steinberg
- Tal der Saurier im Märchenland Merkenfritz
- Felsenkeller in Daudernheim

Pling

Die klingenden Steine in Poppenhausen-Steinwand

Packen Sie zu diesem Spaziergang einen Metallhammer ein, zum einen sind sie dann gut gerüstet, wenn Ihnen im dunklen Wald Räuber begegnen. Zum anderen können Sie so den Berg zum Klingen bringen. Die graugrüne, zackige Steinwand hinter dem gleichnamigen Gasthaus ist nämlich aus einem besonderen Gestein – dem Phonolit. Man kann die Steine von dem Wanderweg aus erreichen, allerdings klettern auch viele Besucher angeseilt die fast senkrechten Felsen hinauf. Kinder suchen sich kleinere Blöcke, um auf ihnen herumzuturnen und ihre Geschicklichkeit zu üben.

Vulkanismus

Die letzten Vulkanausbrüche auf deutschem Boden waren keine humanitären Katastrophen. Sie haben am Ende der letzten Eiszeit vor etwa 8000 bis 10000 Jahren in der Eifel stattgefunden. Vulkanismus war, als unsere Erde noch jung war, deutlich häufiger als heute. Etwa dreiviertel der Erdoberfläche sind von vulkanischen Bildungen überdeckt.
Bei einem Vulkanausbruch tritt nicht nur Lava, flüssiges Gestein, an die Erdoberfläche. Auch vulkanische Aschen werden ausgeschleudert, dabei handelt es sich nicht um Asche im umgangssprachlichen Sinn, also um Verbrennungsreste, sondern um zerstäubtes Gestein. Die Asche wird bis zu 80 km hoch in die Atmosphäre geschleudert und legt heutzutage zuweilen den Flugverkehr lahm.
Ein weiteres vulkanisches Produkt ist der Bimsstein, der gern dazu verwendet wird, die Hornhaut von den Füßen zu rubbeln. Dabei handelt es sich um Gesteinsschaum. Er entstand, wenn die Lava so zäh und sauer war, dass Gase nicht entweichen konnten. Während die Lava an dem Vulkankegel hinunterlief, wurden auch einzelne Brocken so weit geschleudert, dass sie sich in der Luft drehten, abrundeten und teils wie Brote mit Kruste aussahen.
Tuffstein bildet sich dort, wo Staub von einem Vulkanausbruch zu einem weichen Stein wird. Auch die Schwefelablagerungen, gelbe Schichten im Stein, die in Wasser gelöst nach faulen Eiern riechen, sind Folge des Vulkanismus, die entstehen, wenn Schwefelgase beim Erkalten der Lava aus dem fest werdenden Gestein entweichen.

Phonolit gehört zu den Vulkaniten. Vulcanus ist der römische Gott des Feuers, was darauf hindeutet, dass die Vulkanite entstanden sind, als die Erde Feuer und heißes Magma ausspuckte. Man nennt sie auch Ergussgesteine, weil sie aus dem flüssigen Erdinneren herausquollen und sich über die Erdoberfläche ergossen. Dort sind sie erkaltet und haben verschiedene Formen gebildet. Basalt, das häufigste Vulkanit, erkaltet in der Regel zu mehreckigen Säulen, die senkrecht zur Abkühlungsfläche stehen, die Phonolite hingegen sind blättrig aufgebaut, was es leichter macht, einzelne, möglichst frei hängende Steinplatten in Schwingung und damit auch zum Klingen zu bringen. Dass sie sich in Platten abspalten lassen, machte den Stein früher als Material zum Dachdecken beliebt.
Dass die Steinwand bei Poppenhausen durch einen Vulkanausbruch entstanden ist, kann man auch daran erkennen, dass die Felsen wie dicke Nägel aus der Landschaft ragen und in sich farblich einheitlich sind. Es sind keine verschiedenfarbigen Gesteinsschichten erkennbar. Er handelt sich also nicht um Gesteine, die durch langsame Ablagerung von Sanden entstanden sind. Die Felsen, die etwas an Nagelbündel erinnern – aber nur mit viel Phantasie – sind entweder Lavapfropfen, die während eines Vulkanausbruchs steckengeblieben sind, oder die Füllung des früheren Vulkanschlotes. Die den Schlot umgebende Erde und weichere Gesteine sind längst durch Wasser und Wind abgetragen worden. Übrig geblieben ist das feste, vulkanische Gestein, das aus der ebenen oder leicht hügeligen umgebenden Landschaft herausragt.
Dass das heiße Gesteinsmaterial schnell erkaltet ist, sieht man daran, dass sich innerhalb der einzelnen Steine keine Pünktchen gebildet haben. Bei Magma, das langsam unterhalb der Erdoberfläche fest geworden ist, hatten demgegenüber verschiedene Minerale genug Zeit, getrennt zu kristallisieren und bunte Einsprengsel zu bilden, wie man sie zum Beispiel im Granit findet.

Adresse:
DAV – Sektion Fulda
Postfach 104
36001 Fulda

Anfahrt mit öffentlichen Verkehrsmitteln:
Ab dem Bahnhof in Fulda mit dem Bus 23 Richtung Simmershausen bis zur Haltestelle „Steinwand–Grabenhöfchen“ (Fahrtzeit: 28 Min.).

Kuriositäten in der Nähe:
- Größter Karpatenbirkenwald Deutschlands am Roten Moor bei Bischofsheim
- Mufflons und unterirdische Gänge auf Ruine Rabenstein

Zerbrechliche Idyllen

Das Sammeltellermuseum in Rödermark-Ober-Roden

Teller sind da, damit der Tisch beim Schneiden des Schnitzels keine Schnitte bekommt und damit man mit dem Löffel nicht ferne Wege von der Suppenschüssel quer über den Tisch bis zum Mund zurücklegen muss. Das dachten Sie? Die meisten der Teller, die in Rödermark ausgestellt sind, wurden noch nie als Essgeschirr verwendet und vermutlich gibt es nur wenige Haushalte, in denen die oft ziemlich hochpreisigen Teller regelmäßig auf dem gedeckten Tisch stehen. Sie sind eher etwas für den Gabentisch. In den 1950er-Jahren war es noch durchaus üblich, einander einzelne schöne Tassen oder Teller zu schenken, die im Haushalt benötigt wurden – da man ohnehin nicht das Geld für ein einheitliches Service hatte. Heute aber sind Sammelteller reiner dekorativer Schnickschnack, den niemand braucht, der aber offensichtlich immer noch Käufer findet, denn die Börse, die das Museum als Firmenausstellung betreibt, beschäftigt sich mit nichts anderem als dem Verkauf und Tausch von bunten, teils mit ländlichen Idyllen, rührenden Familienszenen und von namhaften Künstlern entworfenen abstrakten Motiven verzierten, oft fast tortenplattengroßen Porzellantellern. Die auskunftsfreudige, höfliche Dame am Eingang lässt nicht nur Besucher in das Pantheon des verzierten Geschirrs ein, sondern beantwortet nebenher die Fragen von Sammlern am Telefon, die nach der genauen Katalognummer des Rauhaardackels aus dem Jahre 1985 suchen.
In vielen Vitrinen hängen Sammelteller aus verschiedenen Ländern. Es gibt viele Katzenmotive, Vögel aller Art, Landschaftsmalerei, berühmte Bauwerke, Engel en

Porzellan

Porzellan besteht aus Kaolin, Quarz und Feldspat. Aus der Porzellanmischung werden Teller oder Figuren geformt. Diese werden getrocknet und dann bei 1000 °C zum ersten Mal gebrannt. Nun kann das Porzellan bemalt und glasiert werden. Der nächste Brand erfolgt bei 1400°C. Man kann nun auf der Glasur noch einmal Farben auftragen, die dann leuchtend bleiben, wenn man das Porzellan zum dritten Mal gebrannt hat. Erfunden wurde das Porzellan in China. In Deutschland wurde das erste „Weiße Gold“ 1708 hergestellt. Das benötigte, aus Aluminiumsilikat bestehende Kaolin kann man in Schnaittenbach in Bayern und in Meißen in Sachsen finden, was erklärt, warum dort die erste Porzellanmanufaktur Deutschlands errichtet wurde.

masse, Elvis-Presley-Fan-Editionen und in Teetassen sitzende Feen. Bei einem großen Teil der Teller handelt es sich um Weihnachtsteller in Serien, die jedes Jahr um ein weiteres Exemplar ergänzt werden. Wenn man also einmal Opfer eines solchen Geschenks geworden ist, muss man befürchten, alle Jahre wieder mit einer guten Gabe ähnlicher Art beglückt zu werden. Immerhin hat man dann nach einigen Jahren genug Teller, um an Weihnachten jede Plätzchensorte auf einem eigenen Teller zu präsentieren. Den gleichen Zweck erfüllt aber auch die Keramik-Keksdose in Form eines Schneemanns, der einen Stern in der Hand hält und auf dessen Bauch und Hutkrempe eine Schneelandschaft aufgebracht wurde. Es gibt Weihnachtskitsch der Superlative, kleine durch Winterlandschaften zuckelnde Lokomotiven und Musikdosen im Adventskranzdekor. Für knapp 250 Euro sind christbaumähnliche Weihnachtsskulpturen mit Disneyfiguren und Musik erhältlich.
Teller sind also nur ein Segment des Museums. Es gibt einen Nebenraum mit Puppen, deren harte Porzellangesichter absichtlich so zerknautscht aussehen, wie bei echten Neugeborenen und die man nicht unbedingt schnell lieb gewinnt, wenn man nicht gerade von ihnen entbunden wurde – und die sich weder zum Spielen noch zum Kuscheln eignen.
Höhepunkt des religiösen Kitsches ist das Heilige Abendmahl aus Porzellan, das dem Gemälde von Leonardo da Vinci nachempfunden ist und bei dem man die bemalten Porzellanjünger zum ebenfalls aus Porzellan gebrannten Jesus an den Tisch setzen kann. Natürlich benutzen die Jünger bei ihrem Mal mit Brot und Wein keine Sammelteller. Das Szenario wird nur noch durch die Grablegungsfiguren übertroffen, bei denen man sich fragt, wie viel Frömmigkeit nötig ist, um Jesu Tod mit Sammelfiguren nachspielen zu wollen.

Adresse:
Sammeltellermuseum
The Bradford Exchange Ltd.
Johann-Friedrich-Böttger-Str. 1–3
63322 Rödermark-Ober-Roden

Öffnungszeiten:
Mo–Fr 10–15 Uhr.

Anfahrt mit öffentlichen Verkehrsmitteln:
Ab dem Bahnhof Rödermark-Ober-Roden mit dem Bus OF-95 Richtung Urberach bis zur Haltestelle „Carl-Zeiss-Straße“ (Fahrtzeit: 4 Min.).

Kuriositäten in der Nähe:
- Chinamauer genanntes Reihenhochhaus an der Frankfurter Straße in Rodgau

Kein Land kann schöner sein!

Besuch in Rüdesheim am Rhein

Touristen aus aller Welt bereisen Vater Rhein und werden dabei magisch von einem Örtchen angezogen, das sich im Laufe der Jahrzehnte auf die Besucherströme aus Ländern spezialisiert hat, für die ein verkitschtes Deutschlandbild pures Glück bedeutet. Es hat dadurch so skurrile Blüten getrieben, dass es auch für Einheimische schon wieder besuchenswert ist. Schon von weit her grüßt die Germania, eine überdimensionale Kitschfigur, die Rheinreisenden und verkündet vorab, was in Rüdesheim auf dem Sightseeingprogramm steht.

Kaum hat der Dampfer festgemacht, schieben sich die Besuchergruppen aus USA, Japan usw. durch die Gässchen des kleinen Örtchens, welches allein durch seine malerische Lage am Fuß der umliegenden Weinberge und die Fachwerkarchitektur „german" wirkt.

Nicht weit vom Anleger gelangt man in die weltbekannte Drosselgasse, in der Touristen aus Übersee hochkomprimiert alles angeboten wird, was für sie deutsch wirkt oder was man ihnen als solches verkaufen kann. Weinstuben mit dunkler Eichenvertäfelung, Butzenscheiben und Weinseeligkeit vermittelnde Schnitzereien laden zum Umtrunk und zur überteuerten Bratwurst ein.

Souvenirläden gibt es einige, ihr Angebot ist ebenfalls atemberaubend deutschabartig: In den Schaufenstern hängen Kuckucksuhren, Krachlederne, Kuhglocken mit Edelweißmotiv, Gamsbarthüte aus dunkelgrünem oder grauem Filz und bayrischblauweißkariert dekorierte Steingut-Bierkrüge mit patiniertem Zinndeckel. Postkarten mit rote Bollenhüte tragenden Schwarzwaldmädeln, Alpenmotiven mit freudigen Sennerinnen und glückliche, blonde Kinder darstellende Hummelfiguren locken ebenso wie Gartenzwerge und Kappen mit der Aufschrift „I love Germany". Deutsche Besucher dürften darüber rätseln, warum sich auch die roten Klappmesser aus der Schweiz im Sortiment befinden. In einem Schaufenster steht sogar Wodka Moskowskaja, denn wer kann heute noch so genau die europäischen Länder unterscheiden. Es reicht doch, wenn man weiß, es ist aus der alten Welt: Verkauft wird, was Joe Miller und Wan Hong gefällt. Die klappbare Rheinkarte ist ein Topseller und in allen erdenklichen Sprachen erhältlich.

Das Kopfsteinpflaster der steilen, schmalen Drosselgasse wurde von Touristenströmen spiegelglatt gelaufen und musste inzwischen erneuert werden, um Stürze zu verhindern. Die Drosselgasse ist oft so voller Menschen, dass man sie nur im Trippelschritt durchqueren kann. Doch auch einige Museen haben im bunten Mischmasch von Deutschlandklischees und Schänken ihren Platz und ihr Auskommen gefunden. Das Mechanische Musikkabinett zeigt Orchestrions und Spieluhren in Aktion. Die properen Führerinnen sind eingekleidet in historischen, leicht trachtigen Fummel. Im Foltermuseum sind barbarische Zeugen der Rechtsgeschichte des Mittelalters und der Hexenverfolgung zu sehen. Nach ein paar Gläsern Wein hält man auch das aus. Wer noch nicht genug hat, kann das Rheingauer Weinbaumuseum besuchen, sich dort über Weinbaugeschichte informieren oder im Spielzeug- und Eisenbahnmuseum eine Modelbahnanlage betrachten, die den Rhein von Rüdesheim bis Koblenz abbildet.

Von nun an geht es nur noch bergauf. Rüdesheim verfügt tatsächlich über eine Seilbahn, deren Talstation sich neben einem das ganze Jahr geöffneten Christbaumschmuckladen befindet. Die Besucher, welche nicht gut zu Fuß sind und den Aufstieg durch die Weinberge scheuen, befördert die Kabinenbahn auf direktem Weg zum Niederwalddenkmal. Über den Weinhängen und dem Städtchen steht die 38 Meter hohe Germania. In der Rechten hält sie die Kaiserkrone empor, in der Linken das Reichsschwert. Deutscher geht es kaum mehr; sie wurde 1877–1883 als Symbol für die Wiedererrichtung des Kaiserreichs 1871 nach dem Sieg über Frankreich von Johann Schilling erschaffen. Die schöne Fernsicht von diesem Ort entschädigt unpatriotische Gäste Rüdesheims für all die Deutschtümelei.

Adresse:
Rüdesheim Tourist AG
Geisenheimer Straße 22
65385 Rüdesheim am Rhein

Anfahrt mit öffentlichen Verkehrsmitteln:
Alle Regionalbahnen und Regionalexpresse zwischen Wiesbaden und Koblenz machen Halt in Rüdesheim am Rhein (Fahrtzeit von Wiesbaden ca. 30 Min., von Koblenz ca. eine Stunde). In den Sommermonaten kann man auch mit dem Schiff anreisen.

Ganzjähriger Winter

Die größte deutsche Schneekugelsammlung und vieles mehr im Heimatmuseum in Schotten

Wir sehen landauf, landab bei unserer Arbeit viele, viele Heimatmuseen. Alleine das Wort verbreitet manchmal schon Gähnen. Dieses Museum in Schotten aber lässt dem Besucher den Mund offen stehen – nicht wegen gähnender Müdigkeit, sondern vor Erstaunen.

Gekommen sind wir wegen der größten, deutschen Schneekugelsammlung. Sie wird liebevoll gepflegt und immer wieder werden die Souvenirs aus aller Welt neu mit Wasser befüllt. Nicht in allen Kugeln schneit es. In manchen wirbelt Konfetti um Geburtstagstorten. In manchen fällt Schnee nicht gerade realistisch vor den Palmen Floridas. Es gibt Liebesschneekugeln und solche mit Schiffen, Werbeschneekugeln und Weihnachtsschneekugeln.

Die Sammlung beeindruckt, doch sie ist nicht das Highlight des Museums, das alleine schon vom Bau her fasziniert. Das Museum befindet sich im ehemaligen Wohnhaus des hessischen Staatsrates Dr. Karl Weber, einem stattlichen Fachwerkbau aus dem Jahre 1816, der 1908 im Inneren nach Art des Jugendstils umgestaltet wurde. Der Besitzer ließ das Haus elektrifizieren – und teilweise glühen immer noch die ersten, originalen Glühlampen, die sicher keinen Energiestandards genügen und viel Wärme freisetzen.

Dr. Karl Weber lebte prestigebewusst. Das sieht man an seinem Mobiliar, das einst schick war und heute gruselig wirkt. Ein Zimmer ist durchweg mit Geweihmöbeln ausgestattet. Die Armlehnen und Stuhlbeine bestehen aus Geweihschaufeln, in die als Motiv, stilgerecht, röhrende Hirsche eingraviert wurden. Die Sitz- und Lehnenflächen sind mit Tierfellen bespannt. Selbst der Kronleuchter hat Hörner. Im Kreis stehen auf dem elektrifizierten Geweih kleine Lampenschirmchen, mit Zickzackborte umklebt. Ein kurioser Hochgenuss!

Noch ganz ohne Elektrizität funktioniert das kleine Öfchen, das man an einem Henkel mit in die Kirche tragen konnte, um es unter dem Kleid auch in der ungeheizten Kirche mollig warm zu haben.

In einer Vitrine liegt Trauerschmuck. In der Trauerzeit wollte man aus Gründen der Pietät keinen Schmuck tragen. Aber wie sollte man denn ohne Schmuck zeigen, dass man Kohle hatte? Mit Schmuck aus Kohle! Die schwarzen Perlen des ausgestellten Trauerschmuckes sind aus einer Schuppentanne, die sich in Faulschlamm zersetzt hatte, also fossiler Kohle. Sie glänzte, war einfach zu bearbeiten, zerbrach aber leicht. Die ersten Träger dieses Schmucks waren die Mitglieder des Britischen

Königshauses, aber auch in Schotten ging man in früheren Zeiten beim Trauern mit der Mode.

Aus schlechten Tagen, als man vielleicht Kohle, aber kein Brot hatte, stammt das Hungerbrötchen, das etwas verbröselt in einem Schrank des Museums aufbewahrt, Gästen aber gerne gezeigt wird. Es ist sicher nicht einfach, das Brötchen zu erhalten und zu restaurieren. Es ist ein Sparbrötchen, gebacken in der Hungersnot 1847, als die Kartoffelfäule große Teile der Ernte vernichtet hatte und viele Europäer auswanderten, weil auf unserem Kontinent kaum etwas zu Beißen zu bekommen war. Hungerbrötchen waren deutlich kleiner als üblich. Das Mehl war gestreckt mit Sägemehl oder sonstigen unzulänglichen Zusatzstoffen.

Ein besonderer Museumsschatz sind neben wundervollen Truhen zwei Liebesbriefe aus der Renaissance, als man Liebeserklärungen noch nicht per SMS schickte. Die Briefe, die bei einem Schreiber in Auftrag gegeben wurden, sind nicht auf einem Briefbogen geschrieben, sondern sehen aus wie kunstvolle Fensterbilder mit Scherenschnitten und von Hand bemalt.

Und weil in einem Heimatmuseum natürlich nicht der Raum über das regionaltypische Handwerk fehlen darf, steht im Keller des Museums auch noch eine Wurstküche, in der die Wintermetzger ihren Exportschlager herstellten. Die Wurst aus Schotten wurde in alle Welt getragen – getragen! Dazu gab es extra Wurstkoffer, wie man einen im abwechslungsreichen Museum sehen kann.

Adresse:
Vogelsberger Kultur- und Geschichtsverein e. V.
Vogelsberger Heimatmuseum
Vogelsbergstraße 95
63679 Schotten

Öffnungszeiten:
Do, Sa und So 14.30–16.30 Uhr

Anfahrt mit öffentlichen Verkehrsmitteln:
Ab dem Bahnhof in Nidda mit dem Bus 362 Richtung Schotten bis zur Haltestelle „Schotten Süd“ (Fahrtzeit: 24 Min.) oder ab dem Bahnhof in Lich/Oberhessen mit dem Bus 372 Richtung Schotten bis zur Haltestelle „Vierstädtepark“ (Fahrtzeit: etwa 45 Min.).

Wie anziehend!

Magnetismus am Geiselstein bei Schotten

Der Nordpol liegt in Hessen, und zwar nicht einmal in Nordhessen, sondern am Vogelsberg, immerhin auf schottischer Gemarkung – oder müsste man sagen: Schottener Gemarkung?

Kraftorte

Unter Kraftorten versteht man in esoterisch orientierten Kreisen Orte, an denen mit dem entsprechenden Gespür irdische und kosmische Energien für sich und andere nutzbar gemacht werden können. Es werden besondere Stellen beschrieben, die zum Teil schon unsere Vorfahren als Kultplätze verwendet haben sollen, die als Gerichts- oder als Begräbnisstätte genutzt wurden. So sollen oft schon alte Namen auf solche Stellen hinweisen, gerade solche, die gute Christen vor diesen Orten warnten, wie zum Beispiel Hexentanzplatz oder Odinshain. Dass die Namen solcher Orte oft gar nicht soo alt sind, sondern Wortschöpfungen der Nationalsozialisten, ist für feinstofflich geneigte Menschen meist nicht wesentlich.

Nach den Angaben in einschlägigen Veröffentlichungen befinden sich Kraftquellen oft an Felsformationen, Quellen, auf Berggipfeln und in Höhlen. Sie sind häufig mit Sagen oder Legenden belegt. Diese darf ein Bastler des eigenen Patchworkglaubens nicht außer Acht lassen, denn sie geben Warnungen und Erfahrungen unserer Vorfahren wieder. Kommen in den Sagen auch noch Drachen, Feen oder sogar Wichtelmännchen vor, soll dies ein Hinweis auf Erdenergie und Naturkräfte sein. Hier heißt es also: Verstand ausschalten und ganz offen drauflosfühlen. Ein häufiger Besuch der Stellen und das feinstoffliche, meditative Einlassen auf die Orte ist unbedingt nötig, um mehr zu erfahren, als das Auge und der gesunde Menschenverstand erkennt.

Wer an von je her „mystischen" Orten ruhig, in einer kosmischen Lichtenergiesäule sitzend, meditiert und sich auf den Erdkern konzentriert, soll damit je nach Location verschiedenes erreichen können. Berge, Gipfel und Felsen sind eher männlich betont, bringen Klarheit und Überblick, Seen und Quellen sind eher der weiblichen, der intuitiven Selbstsicht zuträglich. Seele und Aura dürfen hier sprießen, wenn mit Geduld ein Austausch stattfindet, man sich dankbar auf die Energien einlässt. Für schlichter veranlagte Menschen kann hierfür ein Biergarten auch zweckdienlich sein. Sehr hilfreich können aber auch Mantras sein, ein Aum, Om oder Ram, um sich meditativ den Kräften der Erde zu öffnen, was im Biergarten freilich eigenartig wirkt. Größter Wunsch und Ziel ist es aber, den eigenen Mittelpunkt und die Ruhe zu finden.

Alle diese Angaben sind ohne Gewähr.

Für eine Nordpolexpedition benötigen Sie keine besondere Ausrüstung, keinen Proviant und keine Schlittenhunde. Die liebliche, durch Hochmoore geprägte und eher ebene Landschaft an der Niddaquelle, deren Wasser in Frankfurt in den Main fließt, ist selbst von bergschuhverachtenden, modebewussten Sandalenträgerinnen blasenfrei zu erwandern.

Der Kompass ist bei der Passage zum Nordpol dennoch nötig. Nicht zur Orientierung: Die ist hervorragend, schließlich gehört der 8 km lange Höhenweg mit der vorbildlichen Beschilderung zu einem Premiumwanderweg. Angepinselte „H"s führen wanderidiotensicher an der Niddaquelle vorbei zum Geiselstein. Den Kompass brauchen Sie aber, um zu beweisen, dass Sie sich auch wirklich am Nordpol befinden. Halten Sie den Kompass bei der Kletterei auf den Gipfel in der Hand und staunen Sie! Die Nadel wird stets in Richtung der Felsmitte abgelenkt.

Naturwissenschaftlich aufgeschlossene Personen erklären das mit dem vulkanischen Nephelin-Leucit-Basalt, welcher einen starken Gehalt an Magneteisen aufweist und aus dem die Felszacken bestehen. Der Vogelsberg ist Europas größter Vulkan, der jedoch vor 7 Millionen Jahren erloschen ist. Aber wenn sie am Hessischen Nordpol schon keine kalten Füße bekommen, so müssen sie doch auch nicht fürchten, dass die Erde dort bei Ihrem Besuch wieder beginnt, Feuer zu speien. Der Geiselstein ist längst abgekühlt, aber er entstand aus einst heißflüssiger, aus der Erde austretender Lava.

Esoterikerinnen schwören, dass der Geiselstein nicht nur magnetische Kräfte hat; er sei ein Wirkungs- und Erscheinungsort eines Engels mit dem Namen Tanola, der dort seit 1997 des Öfteren einer Seherin erscheine, die sich Lorina nennt. Unser Kuriositätenspürhund verhielt sich beim Geiselstein jedenfalls überaus ruhig. Dies weist klar auf einen so genannten Kraftort hin, denn sonst ist Emma eher ein quirliges Wesen. Einen Engel konnten wir aber beim besten Willen nicht entdecken, dafür aber eine wirklich schöne Aussicht auf die Waldlandschaft.

Adresse:
Tourist-Info Schotten
Vogelsbergstr. 137a
63679 Schotten

Anfahrt mit öffentlichen Verkehrsmitteln:
Vom Bahnhof Hungen mit dem Bus VB-92 bis Schotten Breungesheim Hoherodskopf (Fahrtzeit: 55 Min.).

Kuriositäten in der Nähe:
- Die Niddaquelle und der Bismarckturm auf dem Rundwanderweg

Schleckereien mit Köpfchen

Negerküsse aus Wingershausen

Schotten-Wingertshausen ist das geheime Mekka der Negerkussfans. Ups, darf man Negerkuss überhaupt noch sagen? Politisch korrekt scheint der Begriff nicht, aber in den Mund dürfen und sollen sie genommen werden, egal, ob man von Neger- oder Mohrenköpfen sprechen mag. Einwandfrei und unverfänglich darf man vom „Schokokuss" sprechen, doch was Herr Keil in seiner kleinen Konditorei seit 1987 herstellt, verschlägt einem sowieso erst mal die Sprache.
Kleine Kunstwerke entstehen in Handarbeit, im eigenen Schaumkusslabor entwickelt und durch fachkundige Hand zur Marktreife gebracht. Der herkömmliche Negerkuss (sorry) aus dem Supermarkt ist geschmacklich und optisch meilenweit von Keils Kreationen entfernt. Hat man einen probiert, wird der nächste ein Muss und das Wort Mohrenkopf (eieiei) zu einem gedämpften „moch eim Moomopf".
Fast alles ist bei diesen Negerküssen (ups) anders, bis auf die runde Waffel am Boden. Auf dieses Fundament wird eine fluffige, warme Mischung aus Eiweiß und Zucker aufgebracht, der bei der Zubereitung verschiedenste Aromen zugesetzt werden. Ob sommerliche Fruchtsorte, Waldmeistergeschmack, Wintersorten mit

Chocolate Hills

Auf der philippinischen Insel Bohol gibt es recht ungewöhnliche Hügelformationen zu bestaunen. Auch nicht nur ein paar wenige, sondern bis zu 1776 ziemlich gleichförmige Hügel aus Kalkstein. Sie sind mit Gräsern bewachsen und verfärben sich während der Trockenperiode braun. Aus der Entfernung sehen sie wie überdimensionale Schokoküsse aus, weswegen man ihnen den Namen gab.
Über ihre Entstehung sind sich Geologen nicht einig, es gibt dazu verschiedene Theorien, wie zum Beispiel Vulkanismus oder Hebungen des Meeresbodens. Die Hügel sehen sich sehr ähnlich, so dass man zunächst glauben könnte, sie seien von Menschenhand geschaffen. Angesichts ihrer Anzahl und Größe ist dies aber unmöglich. Mit einer Höhe von durchschnittlich 30 bis 50 Metern sind die an Maulwurfshügel erinnernden Formationen weithin sichtbar und einmalig in der Welt. Sie wurden 2006 der UNESCO als Weltkulturerbe vorgeschlagen.

Zimt- oder Lebkuchennoten, Karamell- oder Kaffeearoma, nur ganz hintergründig schmeichelt die Füllung der Zunge, nachdem man sich durch den Überzug aus heller, dunkler oder weißer Schokolade geknabbert hat. Kokosstreusel, Krokant und weitere Toppings verzieren die Negerküsse (nanana), welche eher kleinen Zwiebeltürmchen gleichen. Und obwohl die Süßigkeiten von Hand hergestellt sind: Die Aromastoffe kommen aus der Dose.

Wer sich eine Sortimentskiste selber zusammenstellen möchte, ist willkommen. Man sollte aber besser mindestens je zwei nehmen, denn der Suchtfaktor ist recht hoch und von jeder der 31 unterschiedlichen Schokokreationen sicherheitshalber ein Doppel zu haben, ist ratsam.

Herr Keil hat sich für seine Kunden oft den (Mohren-)Kopf zerbrochen und tut dies noch immer. Sonderanfertigungen für Geburtstagsfeiern oder umliegende Kindergärten macht er sehr gerne und liebevoll, eine Schokoschaumlokomotive für Kids kostet zum Beispiel 10 Euro, der einzelne Schokokuss 30 Cent. Im Prinzip sind der Phantasie bei der Formung der Füllung wenige Grenzen gesetzt, der Profi im Eiweißschaumstyling kann auch ausgefallene Wünsche realisieren.

Leider kann man Herrn Keils Spezialitäten nicht über den Versandhandel erwerben, denn in unserer Hightechwelt wurde noch keine wirklich sichere Verpackung für zarte Negerküsschen (was solls) ersonnen. Trotzdem hat er keine Absatzsorgen, in der Hauptsaison werden bis zu 6000 Stück am Tag hergestellt.

Die Kinder aus der Nachbarschaft sind natürlich Stammkunden in der kleinsten Schokomanufaktur Deutschlands, die Frage nach „kaputten“ kommt regelmäßig.

Adresse:
Keil Süßwaren
Wolfgang Keil
Untere Weinbergstraße
563679 Schotten-Wingershausen

Öffnungszeiten:
Besuch nach Voranmeldung möglich unter Tel. 0 60 44 31 28 oder 28 89.

Anfahrt mit öffentlichen Verkehrsmitteln:
Ab dem Bahnhof Nidda zuerst mit dem Bus 362 zum Vierstädtepark in Schotten. Von der dortigen Grundschule mit dem Anruf-Linien-Taxi VB 60 bis Wingershausen. Anmeldung mind. 60 Min. vor Abfahrt unter Tel. 0 18 02 60 61 65.

Kuriositäten in der Nähe:
- Ausgestorben geglaubte Echte Sellerie *Apium graviolens* - wiedergefunden im Kurpark in Bad Salzhausen
- Laterna Magica im Spielzeugmuseum in Schotten-Sichenhausen

Dharma in Hessen

Atelier für Buddhistische Skulpturen in Seligenstadt-Klein-Welzheim

Harald Fauska gestaltet Buddhas. Es handelt sich aber bei den zum Teil fast lebensgroßen Figuren nicht um „einfach mal so“ gestylte Nippesbuddhafiguren. Herr Fauska beschäftigt sich schon lange mit dem Buddhismus, seine Tätigkeit ist eng angelehnt an asiatische Traditionen. Er schafft in seinem schlichten Atelier in Klein-Welzheim aus Gussstein ganz bedacht, ja bedächtig Buddhastatuen für den Außenbereich und die Mitte in uns selbst. Laut Harald Fauska verkörpern sie, was vielen Menschen fehlt: Ruhe, Zentriertheit und heitere Gelassenheit.
Und er weiß ganz genau, worauf es dabei ankommt. Eine Buddhastatue kann zur Meditation anregen. Bei der Herstellung werden selbst kleinste Einzelheiten beachtet, wie die Kopfhaltung, die Stellung der Glieder, die Haltung der Hände, die Mimik des Buddhas. Kenner werden bemerken, das ein Buddha mit etwas zu sehr geneigtem Kopf nicht meditiert, sonder einfach eingeschlafen ist.
Wenn dies alles Beachtung in der Gestaltung eines Prototyps gefunden hat und in Herrn Fauskas Atelier ein Abguss vor der Aushärtung noch einmal nachbearbeitet worden ist, dann ist ein traditionelles Stück Asien aus Gussstein fertig für den Garten, das Foyer, den Wellnessbereich.
Viele der Statuen werden zur Erleichterung des Transports in mehreren Teilen angefertigt, um sie dann beim Kunden zu montieren. Nein, dies ist eine zu banale Beschreibung. Eine Buddhastatue wird mindestens platziert, wenn nicht sogar arrangiert. Sie ist nun mal kein Gartenzwerg, obwohl sie inzwischen in vielen deutschen Gärten zu finden ist und es sogar ein Mischwesen zwischen Gartenzwerg und Buddhastatue, den Zwuddha gibt. Buddhastatuen werden auch nur von 2 Prozent der Kunden aus religiösen Gründen gekauft, meist steht der Dekofaktor im Vordergrund, oft sogar im Vorgarten. Über Geschmack kann man streiten, doch eine Buddhastatue im Außenbereich macht richtig was her, wenn sie richtig „sitzt“. Es ist schon vorgekommen, das Kunden von Herrn Fauska den ganzen Garten umgestalteten, als die neue Skulptur ihren Platz gefunden hatte. Ein gewöhnlicher deutscher Garten wirkt mit einem echten Buddha irgendwie ... nicht unbedingt kontemplativ. Ohne Bambus, geharktem Kies und anderen Asiafeatures ist das nichts Halbes und nichts Ganzes. Aber von Dekoideen lässt sich Harald Fauska nicht von seiner Überzeugung abbringen, dass im Garten Ruhe gefunden werden kann.
Neben Buddhastatuen aus den großen Epochen der asiatischen Kunst findet man bei Harald Fauska auch indische Figuren und balinesische Kunst(steine). Wenn Sie Herrn Fauska und seine Arbeit kennen lernen möchten, machen Sie telefonisch

Buddhistische Atemübungen

Man setzt sich in aufrechter Haltung mit überkreuzten Beinen nieder und richtet seine ganze Aufmerksamkeit auf einen Punkt vor sich. Dann atmet man achtsam ein, atmet man achtsam aus:
Tief einatmend weiß man: Ich atme tief ein. Tief ausatmend weiß man: Ich atme tief aus.
Flach einatmend weiß man: Ich atme flach ein. Flach ausatmend weiß man: Ich atme flach aus. Also übt man sich und fährt fort.
Des Atemstromes bewusst, atmet man ein. Des Atemstromes bewusst, atmet man aus.
Den Atemstrom besänftigend, atmet man ein. Den Atemstrom besänftigend, atmet man aus.
Heitere Ruhe empfindend, atmet man ein. Heitere Ruhe empfindend, atmet man aus.
Glückseligkeit empfindend, atmet man ein. Glückseligkeit empfindend, atmet man aus.
Des Laufs der Gedanken bewusst, atmet man ein. Des Laufs der Gedanken bewusst, atmet man aus.
Den Lauf der Gedanken besänftigend, atmet man ein. Den Lauf der Gedanken besänftigend, atmet man aus.
Das Gemüt wahrnehmend, atmet man ein. Das Gemüt wahrnehmend, atmet man aus.
Das Gemüt erhebend, atmet man ein. Das Gemüt erhebend, atmet man aus.
Das Gemüt versammelnd, atmet man ein. Das Gemüt versammelnd, atmet man aus.
Das Gemüt befreiend, atmet man ein. Das Gemüt befreiend, atmet man aus.
Die Vergänglichkeit aller zusammengesetzten Dinge erkennend, atmet man ein. Die Vergänglichkeit aller zusammengesetzten Dinge erkennend, atmet man aus.

einen Termin aus und besuchen Sie sein Atelier, einen Ort der Ruhe. Wenn nicht gerade der Kompressor anspringt, denn trotz seiner Tätigkeit ist Harald Fauska von dieser Welt.

Adresse:
Harald Fauska
Wessemerstr. 15
63500 Seligenstadt-Klein-Welzheim

Öffnungszeiten:
Besuch nach telefonischer Vereinbarung unter Tel. 0 61 82 82 72 69.

Anfahrt mit öffentlichen Verkehrsmitteln:
Vom Bahnhof Seligenstadt aus mit dem Bus OF85 Richtung Mainhausen/Zellhausen bis Haltestelle Klein-Welzheim Flurstraße (Fahrzeit: ca. 7 Min.).

Kuriositäten in der Nähe:
- Drehbare Steintafel in Dieburg

Der mit dem Yak tanzt

Samson und Knu – dressierte Yaks in Steinbach an der Milseburg

Himalajawanderer wissen: Neben der großen Höhe und der dünnen Luft gibt es eine weitere große Gefahr auf den Gebirgspfaden: sture Yaks, die nicht einsehen, warum sie einem komisch aussehenden Menschen mit schrillroter Wanderjacke Platz machen sollen. Die Yaks, die die Bewohner unwirtlicher Himalajatäler halten, deren Milch sie trinken, mit deren energiereichem festen pferdeäpfelähnlichem Dung sie heizen und deren stabile Häute für sie ein wichtiges Baumaterial sind, sind jedoch harmlos – verglichen mit Wildyaks, zotteligen, unzähmbaren Kolossen.

Diese schwarzbraunen Rinder mit den hängenden Köpfen und einer weißen, haarigen Schnauze kommen nur noch in den Nordprovinzen Chinas, Nordindien, Tibet, Nepal und Bhutan vor – und das in bis zu 6000 m Höhe jenseits der Baumgrenze, wo andere Tiere verdursten würden, die Yaks aber meist Schnee fressen statt zu trinken. Wie viele Tiere noch in ihrem natürlichen Lebensraum zuhause sind, ist unbekannt, denn wer will schon so hoch hinauf, um sie zu zählen? Klar ist aber: Der Bestand ist dramatisch gefährdet. Schuld sind weder die tibetanischen Wölfe noch die Schneeleoparden. Sie sind die einzigen natürlichen Feinde, die den kräftigen, untersetzen Yaks gefährlich werden können, die sich trotz der kurzen Beine im Gebirge sicher und behände bewegen, 75 Prozent Steigung überwinden und schnell wie ein Pferd werden können. Es sind in erster Linie die Menschen, die die Yaks in den vergangenen 100 Jahren dezimiert haben. Noch heute wird gewildert. Eine große und unabschätzbare Gefahr ist die ungewollte Kreuzung mit Hausyaks. Sie bringt Krankheiten in die Wildyakbestände.

Das Yak droht auszusterben. Wer eines der letzten sehen möchte, muss in entlegene Hochgebirgsregionen vordringen oder aber nach Osthessen fahren. Willi Schmidt, genannt Yakwilli, hält zwei der raren Tiere: Samson und Knu. Er wagt es sogar, auf ihren ausladenden, nach oben gebogenen Hörnen einen Handstand zu machen, obwohl sein Kollege bei der Hufpflege an einem Yak zerquetscht worden ist. Yakwilli fängt die Bullen mit dem Lasso ein und dirigiert sie, am Nasenring gepackt, in die gewünschte Richtung. Obwohl Yaks nicht gezähmt werden können, ist es ihm gelungen, sie zu dressieren. Der hauptberufliche Hufpfleger ist sich sicher, dass er die einzigen Wildyaks der Welt besitzt, die vor Kutschen gespannt werden, die man reiten kann und die ohne Zögern und Murren an Trachtenumzügen und Volksfesten teilnehmen. Davor werden sie mit dem Druckreiniger auf Hochglanz gebracht, was sie genießen wie unsereins eine frische Dusche. Dann lassen sie sich ohne Mühe in einen Lastwagen locken und zur Fete bringen.

Zur Erholung von der Gaudi können sich die Yaks in einem ihrer drei Gehege zurückziehen. Im Winter sind sie meist direkt bei Steinbach, im Sommer oft unterhalb der Milseburg. Sie leben auf unüberschaubar großen Flächen mit Wald- und Weideanteil. Besucher brauchen etwas Geduld, ehe sie die zwei Bullen erspähen. Man darf gerne bei Yakwilli anrufen und sich erkundigen, wo man gerade die besten Chancen hat, die Tiere zu Gesicht zu bekommen. Im Winter liegen sie schon mal in einer Schneeverwehung. Auch in ihrer Heimat legen sie sich gegen den Schneesturm ohne zu frösteln. Ihr dichtes Fell schützt sie zuverlässig vor Kälte und da die Haut keine Schweißdrüsen hat, sind die Tiere nie nass geschwitzt. In der freien Natur würden sich die frostigen Tiere nie dazu herablassen, sich tiefer als 4000 m über dem Meeresspiegel aufzuhalten. Für sie ist die Wasserkuppe kein Berg, sondern eher eine Erniedrigung.

Adresse:
Willi Schmidt
Wasserkuppenstraße 24
36115 Ehrenberg-Reulbach

Öffnungszeiten:
Die Tiere sind ganzjährig draußen auf der Weide, Infos unter Tel. 0 66 81 82 14 oder 01 71 8 41 05 59.

Anfahrt mit öffentlichen Verkehrsmitteln:
Nach Hilders-Steinbach zur Weide: Ab dem ZOB in Fulda zuerst mit dem Bus 23 Richtung Hilders. In Liebhards umsteigen in den Bus 36 in Richtung Hilders/Dietges bis Haltestelle Steinbach (Fahrtzeit ab Fulda je nach Verbindung etwa eine Stunde, ab Liebhards 15 Min.).

Kuriositäten in der Nähe:
- Konkrete Poesie an Häuserwänden in ganz Hünfeld

Höhlen des Jammers

Ehemaliges Zuchthaus auf Burg Waldeck

Die mächtige Burg Waldeck hat eine denkwürdige Vergangenheit. Sie war zunächst Burg der Grafen von Waldeck und nach dem Dreißigjährigen Krieg „Veste“ mit kleiner Kaserne und Wohnung des Kommandanten. 1734 musste der älteste Bauteil, der Südflügel, wegen Baufälligkeit abgerissen werden. Im gleichen Jahr wurde in der Burg ein Zucht- und Arbeitshaus für Männer und Frauen mit Kindern eingerichtet, welches bis 1866 bestand.
Heute wird dort niemand mehr bestraft, aber die Ausstellung „Hinter Schloss und Riegel“ zeigt, wie früher Strafen vollzogen wurden. Es gibt einige alte Strafvollzugsinstrumente zu sehen, die wohl jeder kennt, wie zum Beispiel ein Richtschwert aus dem 18. Jahrhundert. Es trägt die verheißungsvolle, auffordernde Inschrift: „Du sollst nit leyden an Rad oder Strick, drum weyse mir reuig dein blosses Genick“. Auch ein Henkerbeil darf man betrachten. Weniger bekannte Strafmittel, die bei Ehrenstrafen Verwendung fanden, wurden nachgebaut und werden – wie alles andere in der Ausstellung – sehr gut erklärt. Beispielsweise das Drillhaus, ein drehbarer Käfig. In ihn wurde der zur Ehrenstrafe Verurteilte öffentlich eingesperrt und konnte von der Bevölkerung so lange um die eigene Achse gedreht werden, bis er erbrach und Gleichgewichtsstörungen bekam. Schandsteine band man Frauen auf Brust und Rücken; sie mussten diese durch den Ort schleppen für ihre Schandtaten. Auf einem hölzernen Esel mit scharfkantigem Rücken hatte manch ein Übeltäter zu sitzen, bei allen dieser Strafmaßnahmen ging es darum, den Übeltäter zu verspotten und die Ehre des so Bestraften zu zerstören.
Seit 1532 regelte die „Peinliche Gerichtsordnung Kaiser Karls V.“ das Gerichtsverfahren und legte die Strafen fest. Sie kannte nur Todes- und Leibstrafen. Da kam die Einrichtung des Zuchthauses durch Fürst Carl 1734 einem Fortschritt gleich, Sträflinge hatten zumindest eine kleine Chance, mit halbwegs heiler Haut davonzukommen. Erziehung oder Besserung standen auf der Burg Waldeck nicht im Vordergrund, statt dessen strafte man durch harte Arbeit, menschenunwürdige Unterbringung, zum Teil in Kammern ohne Licht und Frischluft. Die Insassen wurden in Ketten gelegt, geprügelt und vegetierten bei Wasser und Brot in Lumpen gekleidet oft Jahrzehnte in kleinen Zellen dahin. Arbeitsfähige Männer sägten und polierten Marmor aus den regionalen Steinbrüchen, Frauen spannen Wolle. Wer arbeitete, konnte sich zweimal in der Woche eine warme Suppe kaufen. Fleisch gab es niemals. In den 134 Jahren des Bestehens des Zuchthauses verbesserten sich die Lebensverhältnisse der Gefangenen nur langsam.
Die Entwicklung im Einzelnen und die Zustände in Strafanstalten wie Burg Waldeck werden in der Ausstellung ausführlich dokumentiert und in sozialgeschichtli-

Aus der Gefängnisordnung der Burg Waldeck von 1857

§5 Jeder Gefangene hat sich der Ordnung des Hauses und allen Anordnungen zu unterwerfen, den Vorgesetzten mit Achtung zu begegnen und ihren Geboten und Verboten unweigerlich Folge zu leisten.

§6 Die Gefangenen haben sich aller Unterredungen und Gespräche zu enthalten, welche nicht durch das Zusammenleben mit anderen oder die gemeinschaftliche Arbeit nothwendig werden.

§7 Sie sind verpflichtet, sich allen Arbeiten und Beschäftigungen zu unterziehen, welche in der Anstalt vorkommen und wozu sie von den Vorgesetzten angewiesen werden.

§8 Sie haben unter sich in Ruhe und Frieden zu leben, alles Schimpfens, Zankens, Fluchens, aller Zwischenträgereien und Thätlichkeiten sich zu enthalten, bei der Arbeit, bei der Nachtruhe, beim Gottesdienst und beim Gebet oder beim Lesen von Erbauungsbüchern einander nicht zu stören.

§11 Zu den Arbeitsräumen, zu den Schlafstellen, zur Betstunde und zur Kirche haben die Gefangenen in der ihnen von den Vorgesetzten bestimmten Ordnung, die Hände auf den Rücken gelegt, sich zu begeben und darf dabei keiner aus der ihm angewiesenen Reihenfolge treten.

chen Zusammenhängen präsentiert. So ist die Burg Waldeck mit ihrem Strafvollzugsmuseum ein gutes Ziel für einen lehrreichen Familienausflug. Nach dem Besuch im Zuchthaus kann man im benachbarten Café-Restaurant speisen und ganz frei den schönsten Ausblick auf den Edersee genießen. Dann spürt man mit Sicherheit den Rausch der Freiheit.

Adresse:
Museum auf Schloss Waldeck
Schloss Waldeck 1
34513 Waldeck

Öffnungszeiten:
Anfang März bis Ende Oktober täglich 10–18 Uhr.

Anfahrt mit öffentlichen Verkehrsmitteln:
Ab dem Bahnhof in Bad Wildungen mit dem Bus 510 Richtung Waldeck-Sachsenhausen bis Haltestelle Waldeck Mitte (Fahrzeit: ca. 30 Min.).

Kuriositäten in der Nähe:
- Im Wald weidende Schweine bei Basdorf
- Eselverleih in Affoldern

Ausgebügelt!

Kleiderbügelsammlung im Überwälder Heimatmuseum in Wald-Michelbach

Alles hat ein Ende, nur der Kleiderbügel hat zwei. Ein Ende hatte auch die Produktion von Kleiderbügeln der Coronet-Werke in Wald-Michelbach. In ihrer Blütezeit stellte die Fabrik am Tag eine Million (!) Kleiderbügel her. Theoretisch ergibt das in je achtzig Tagen einen Kleiderbügel für jeden Bundesbürger. Doch die krummen Dinger waren auch im Ausland beliebt. Was von der Fabrik übrig blieb, ist eine große Sammlung der eigenen Produkte – Modellentwürfe, in Serie gegangene und andere Bügel aus aller Welt.

Heute besitzt das Heimat-Museum des Ortes Wald-Michelbach deswegen als Besonderheit über 500 Kleiderbügel, von denen 200 in einer Dauerausstellung zu sehen sind. In Zeiten der im Schrank gestapelten, bügelfreien T-Shirts scheinen uns Bügel recht entbehrlich. Die kulturhistorische Bedeutung dieses Alltagsgegenstandes wird aber deutlich, wenn man die Vielfalt der unterschiedlichen Modelle und Spezialausführungen im Museum betrachtet: Vom banalen Jackenbügel, dem Hosenbügel, Klemmbügeln bis zu ausgeklügelten Bügelraritäten mit integrierter Kleiderbürste oder klappbare Bügel für die Reise.

Spezialbügel wurden auch zum Teil für das jeweilig aufzuhängende Kleidungsstück gefertigt, ab ca. 1875 finden wir in zunehmendem Maße Bügel, bei denen die Enden dreiviertelkreisförmig abschließen und nach oben gerichtet sind. Sie weisen auf eine Stützfunktion für Keulenärmel hin. Ein Uniformkleiderbügel hat eine charakteristische Krümmung im Bereich des Hakenschaftes vorzuweisen. Ein anderer Bügel ist mit einem Stiel am unteren Ende ausgestattet, durch den sich Kleidungsstücke platzsparend an Deckenhaken hängen lassen. Alte Patentschriften belegen den Erfindergeist ihrer Zeit. So auch die älteste, 1884 vom kaiserlichen Patentamt des deutschen Reiches herausgegebene Patenterteilung für einen längenverstellbaren Garderobenhalter (sprich Kleiderbügel).

Der Phantasie der Hersteller waren auch in der Materialauswahl kaum Grenzen gesetzt. Das vorwiegend verwendete Material war natürlich Holz oder Metalldraht, doch auch Celluloid und andere Kunststoffe wurden bei der Fabrikation eingesetzt. Kleiderbügel stellen außerdem ideale Werbeträger dar. Ob Maßschneider, Hotel oder chemische Reinigung, wer etwas auf sich hielt, hatte eigens für die Kundschaft designte Kleiderbügel zu bieten.

Die Museumsmacher haben sich nicht nur mit der Präsentation der Bügelsammlung sehr viel Mühe gegeben, auch der im Museum erhältliche Leitfaden durch die Sammlung ist mit viel kleiderbügelogischem Sachverstand verfasst worden. Klei-

derbügelsammler aus aller Welt besuchen dieses Museum im Odenwald und finden hier ihr Eldorado nebst sachkundiger Führung.
Besonders stolz sind die Wald-Michelbacher auf die ältesten Kleiderbügel ihrer Sammlung, ein Schreiner aus Oberammergau hatte sie um 1830 für die bekannten Passionsspiele angefertigt. Der dortige Bürgermeister spendete einige davon dem Museum in Wald-Michelbach. Und noch immer erhält das Museum neue Ausstellungsstücke, oft paketweise.
Leider ist die Ausstellungsfläche begrenzt, denn im historischen Rathaus der Gemeinde aus dem Jahre 1594 finden sich noch andere Ausstellungsbereiche. Hier werden Einblicke in die vergangene Arbeitswelt der Region vermittelt. Imkerei, Bergbau, Holzverarbeitung und verschiedene historische Handwerke werden vorgestellt, so findet sich im Museum auch die komplette Küferwerkstatt von Georg Gassert, dem letzten Küfer am Ort. Utensilien zur Hausschlachtung, eine Hammersammlung und eine Hutsammlung sind zu bestaunen. Im einstigen Ratssaal kann man sich über die einst wichtigen Nebenerwerbszweige in der Region informieren: die Gewinnung und den Verkauf von Eichengerbrinde, das Korbmachen, Besenbinden, Rechenmachen, das Handwerk der Schindler, Köhler und Steinhauer.

Adresse:
Überwälder Heimatmuseum
In der Gass 17
69483 Wald-Michelbach

Öffnungszeiten:
1. April bis 31. Oktober Do 15–17 Uhr, So 14–17 Uhr.

Anfahrt mit öffentlichen Verkehrsmitteln:
Ab dem Bahnhof in Weinheim mit dem Bus 681 Richtung Grasellenbach bis Wald-Michelbach (Fahrtzeit: 30 Min.).

Kuriositäten in der Nähe:
- Letzter hydraulischer Widder in Rothenberg

Bauen en miniature

Das Baumaschinen-Modellmuseum in Weilburg-Gaudernbach

Kurz bevor die deutsch-deutsche Grenze fiel, wurde am 5. November 1989 in Weilburg-Gaudernbach das erste deutsche Baumaschinen-Miniaturmuseum eröffnet. Ob dies letztendlich zum Aufbau Ost beigetragen hat, konnten wir nicht klären, es finden sich hier aber auch Modellchen aus ostdeutscher Produktion.

Das Museum ist von seinen Trägern den „Männern und Frauen vom Bau" gewidmet worden, für die es werben soll. Interessant ist die Ausstellung sicher. Unter dem Motto „Bauen macht Spaß" werden in einem alten Bauernhaus über 1200 Modelle von Baugerätschaften und Maschinen für Bauarbeiten aller Art gezeigt. Darunter gibt es einige Raritäten, wie zum Beispiel Modelle von Riesenbaggern. Unter der Trägerschaft eines örtlichen Bauunternehmens wurden hier Miniaturen zusammengetragen, deren Bestimmung sich zum Teil für Laien nicht ganz einfach erschließen würde, hätte man nicht daran gedacht, ganze Hoch- und Tiefbaustellen und sogar einen Steinbruchbetrieb im Kleinformat realistisch nachzubilden.

Die Gestaltung der kleinen Großbaustellen wurde natürlich fachkundig vorgenommen. Sie sind absolut naturgetreu. So diskutieren Entscheidungsträger in Schlips und Kragen vor einem Baucontainer und am Rande der Baustelle hat sogar die Romantik ihren Platz auf einer Bank gefunden, während in der Mitte des Geschehens kräftig gebaggert wird und Rohre verlegt werden. Im wahrsten Sinne des Wortes, versteht sich.

Die kleinen Bauarbeiter stehen wie versteinert mit der Schippe in der Hand an ihrem Arbeitsplatz. Die Räumlichkeiten strahlen eine ländliche Ruhe aus, keine Presslufthämmer entnerven, keine Asphaltsäge sägt am Gemüt. Anwohner werden nicht wie sonst üblich morgens um sieben aus dem Schlaf gerüttelt, alle Maschinen stehen brav im Regal oder geschützt unter Glas. Dies mag wohl auf manchen schon einmal von Baustellenlärm gequälten Museumsbesucher wie eine kleine Entschädigung wirken.

Manche Maschinen sind nicht nur in verschiedensten Maßstäben, sondern auch unzählig vorhanden. Eine größere Anzahl von Gabelstaplern, Baggern, Kompressoren oder Baukränen auf einem Fleck findet sich wohl nur bei den Herstellern der Originale selbst, doch in den Vitrinen des Baumaschinen-Museums sind alle bekannten und unbekannten Marken ausgestellt.

Viele seltene Erinnerungsteller, die anlässlich fertig gestellter Großprojekte hergestellt und verschenkt wurden, kann der Besucher hier bewundern. Und auch eine Briefmarkensammlung mit Baumaschinenmotiven ist zur Besichtigung ausgehängt.

Bagger

Die Entwicklung des Baggers ist eng mit der Industrialisierung verknüpft, so kamen um 1850 die ersten dampfbetriebenen Bagger auf. Der Bedarf an Kohle war stark gestiegen und man benötigte geeignete Maschinen, um im Tagebau Abraum zu bewegen, Kohle zu fördern und auf die Eisenbahn zu verladen. Die ersten Bagger wurden auf Schienen bewegt, was das Umsetzen des Geräts umständlich machte. Um einen Dampfbagger zu betreiben, brauchte man mindestens drei Arbeiter, die Maschine konnte aber bis zu achtzig Arbeitskräfte ersetzen. Die Baggerschaufeln wurden im Ursprung durch Ketten gesteuert, später verwendete man Stahlseile. Um 1912 stattete man in den USA die ersten Bagger mit Raupenketten aus, was sich schnell durchsetzte. Für weiche Untergründe verwendete man Schreitbagger, die bei der Arbeit auf einer Grundplatte ruhten und so nicht einsanken. 1925 kam der Elektroantrieb auf, die Maschinen wurden kompakter und weniger anfällig. In den folgenden Jahrzehnten wuchs der mögliche Schaufelinhalt von Baggern kontinuierlich, dies gipfelte 1965 im größten Löffelbagger aller Zeiten, dem „Captain". Er bestand aus über 12 500 t Stahl, hatte 250 t Schaufelinhalt und wurde von 32 Elektromotoren mit insgesamt 29 500 PS angetrieben. Er baggerte 3,5 Millionen Kubikmeter im Jahr. Dabei verbrauchte er den Strom einer Kleinstadt.

Wem das alles zu kleinformatig ist, der kann auf dem Außengelände einige alte, restaurierte Baumaschinen in Originalgröße besichtigen. Ein Seilbagger von Orenstein & Koppel Typ LO/51, die putzige Kleinraupe Schmiedag 6000 und eine historische Steinwalze haben dort einen Ehrenplatz gefunden.

Adresse:
Baumaschinen-Modellmuseum
Brückenstr. 46
35781 Weilburg-Gaudernbach

Öffnungszeiten:
Mi 14–18 Uhr, So 9.30–12 Uhr.

Anfahrt mit öffentlichen Verkehrsmitteln:
Von Weilburg ZOB mit dem Bus LM-65 Richtung Beselich – Heckholzhausen, Limburger Straße bis Weilburg-Gaudernbach Ortsmitte (Fahrtzeit: ca. 25 Min.).

Kuriositäten in der Nähe:
- Ewiges Eis in einem unterirdischen Gang bei Dornburg

Kampfbereit im hessischen Totenreich

Chinesische Tonkrieger in Weilburg-Kubach

Haben Sie schon begonnen Ihr Grab zu errichten? Nein? Da war der „Erste erhabene Gottkaiser von Qin“ weitsichtiger, denn der Kaiser, Sohn einer Konkubine, der schon mit 13 den Thron bestiegen hatte, dachte schon früh ans Sterben. Ziemlich bald nachdem er die Regierungsgeschäfte selbst in die Hand genommen hatte, gab er sein Grab 221 v. Chr. in Auftrag. 7000 Arbeiter sollen an der Grabanlage gebaut haben. Nach dem Abschluss der Arbeiten wurden die, die die Anlage entworfen hatten, lebendig begraben. Dasselbe Schicksal ereilte auch alle Arbeiter an der Totengroßbaustelle. Insgesamt fanden während der Regierungszeit des ersten chinesischen Kaisers 2 Millionen Menschen durch Zwangsarbeit oder Hinrichtung den Tod. Und bei allem Gräuel, das der Kaiser anrichtete, ist es verständlich, dass er fürchtete, nach seinem Ableben von Mächten des Jenseits angegriffen zu werden. Um das auszuschließen, sollten den toten Kaiser ungefähr 7000 lebensgroße Tonkrieger beschützen, alle mit individuellen Gesichtszügen.

Doch auch wenn Qin Shihuangdi schon vorsichtshalber sein Grab hatte bauen lassen: Hinein wollte er nicht. Der Kaiser litt unter entsetzlicher Todesfurcht und nahm regelmäßig Quecksilber zu sich, womit er hoffte, unsterblich zu werden. Er ließ außerdem Schiffsexpeditionen nach der Insel der Unsterblichkeit und dem Lebenselixier suchen. Da die Besatzung der Schiffe dieses Mittel der Unsterblichkeit nicht finden konnte, kehrte sie nie zurück aus Furcht, vom Kaiser exekutiert zu werden. Und weil der kein Mittel fand, um ewig zu leben und weil er unter einer chronischen Quecksilbervergiftung litt, die unter anderem zu Reizbarkeit, Schlaflosigkeit, Angstgefühlen, Sprachstörungen sowie Konzentrations- und Erinnerungsschwäche führt und die inneren Organe angreift, musste er schon 210 v. Chr. in sein Grabmal einziehen. Mit dem

toten Kaiser wurden alle Konkubinen eingemauert, die noch kein Kind geboren hatten.

Wenn Sie sich selbst mal wie ein toter Kaiser fühlen wollen, so brauchen Sie nicht nach Xi'an zu reisen. In Weilburg an der Lahn stehen in einer Halle im Industriegebiet bei Kubach 320 Nachbildungen der lehmigen Gestalten in Originalgröße, dazu 24 Pferde und 4 Kampfwagen. Es ist beeindruckend und morbide vom ebenfalls nachgebauten, aus hessischem Stein errichteten Teil der chinesischen Mauer auf die bräunlich-roten Krieger zu schauen.

Um den Nachbarn vorzugaukeln, man sei in Fernost gewesen, kann man sich auch hinter den Fotoattrappen als chinesischer Krieger ablichten lassen. Außerdem lädt ein Filmraum, in dem Duftsprudler Blütenaromen verströmen, dazu ein, sich einen Film über die Wiederentdeckung des Grabes 1974 anzusehen. Die Sprecherin hat einen entzückenden Akzent, doch die Texte kann man auch auf Untertiteln nachlesen.

Wenn Sie einen Wächter für Ihren Garten suchen, so können Sie sich im Laden des Museums für einen knienden Krieger, in China gegossen, für 500 Euro entscheiden oder auch zu einem knienden Schützen, einem stehenden Schützen, einem Offizier, einem Panzer-Krieger, einem Beamten, Reiter oder Wagenlenker greifen. Falls Sie nur einen Kleinwagen besitzen oder nicht wissen, wohin mit einem lebensgroßen Soldaten: Es gibt sie auch in klein, dazu glitzernde Feen, elektrische Katzen und was das Schnickschnackherz sonst noch höher schlagen lässt.

Adresse:
Terrakotta-Armee Weilburg
Viehweg 6
35781 Weilburg-Kubach

Öffnungszeiten:
Anfang April bis Mitte November: Di–So 10.30–16.30 Uhr. Mitte November bis Ende März Fr, Sa und So 10.30–16.30 Uhr.

Anfahrt mit öffentlichen Verkehrsmitteln:
Ab dem Zentralen Omnibusbahnhof Weilburg (Lahn) mit dem Bus LM66 bis zur Haltestelle Kubach-Kohlgarten (Fahrtzeit: 14 Min.).

Kuriositäten in der Nähe:
- Modellbaupark: Eine Landschaft mit Fahrzeugen im Maßstab 1:8 in Weilburg
- Südseebibliothek des letzten kaiserlichen Gouverneurs von Samoa im Waldmuseum Dr. Kanngießer in Braunfels
- Hundehallenbad in Oberndorf

Hier gibt es nichts zu sehen!

Das Dunkelkaufhaus in Wetzlar

Im Optikparcours in Wetzlar gibt es alles Mögliche zu sehen, und sogar Unmögliches. In der Spiegelrotunde im Karl-Keller-Ring gegenüber der Kreisverwaltung können wir uns selbst mit der rechten Hand winken – und unser Spiegelbild winkt mit der rechten Hand zurück. Es gibt am Mühlgraben einen Tunnel, bei dem man das Gleichgewicht zu verlieren scheint, wenn man hindurchgeht, da dem Gehirn die angebrachten Muster einen Streich spielen. Mittels des Kreuzspiegels am Schillerplatz kann jeder, dem seine Hakennase missfällt, sie dem Nachbarn ins Gesicht zaubern. Auf dem Beuchet-Stuhl in der Colchester-Anlage werden Riesenkerle zu Zwergen. Vom Beobachterpunkt aus ist es schwer zu erkennen, aber der Beuchet-Stuhl besteht aus zwei Teilen, nämlich aus einem Beingestell und einer Sitzfläche mit Lehne. Die Sitzfläche ist weiter weg, scheint aber zum Stuhl zu gehören. Eine Person, die auf der Sitzfläche sitzt, wirkt durch den Abstand ebenfalls kleiner während eine Person neben einem der Beine aufgrund der geringeren Entfernung natürlich größer aussieht.
Zappenduster wird es aber im Eckgebäude Brückenstraße/Karl-Keller-Ring. Hier befinden sich ein Parkhaus, ein Tanz-Club, Immobilienmakler und verschiedene

Im Dunkelkaufhaus wundert man sich: So dunkel kann Dunkelheit sein? Es ist dort dunkler als in der Nacht, in der ist es nämlich nicht dunkel. Das hat zwei Ursachen. Die eine ist ganz natürlich: Aus allen Richtungen des Kosmos fällt eine schwache Strahlung auf die Erde. Bei dieser kosmischen Hintergrundstrahlung handelt es sich um ein Relikt aus der Frühzeit des Universums. Rund 3800 Jahre nach dem Urknall war die Temperatur im Universum auf etwa 2700 °C abgesunken. Einsame Elementarteilchen konnten nun gemeinsam stabile Wasserstoffatome bilden. Damit wurde das Weltall für elektromagnetische Strahlung durchsichtig – und die damals freigesetzten Lichtteilchen empfangen wir noch heute als schwache Hintergrundstrahlung.
Der zweite Grund für die geringe Dunkelheit der Nächte ist menschengemacht: die Lichtverschmutzung. In der Bundesrepublik leuchten nachts etwa 6,8 Millionen Straßenleuchten (d. h. eine Leuchte auf je zwölf Einwohner), dazu kommen Leuchten im privaten Bereich, beleuchtete Reklame- und Schaufensterflächen, touristische Beleuchtungen von Sehenswürdigkeiten und die Beleuchtung von Industrieanlagen.

Einkaufsläden, in denen man Klamotten erstehen kann, aber nur in einem gibt es Dunkelheit zu kaufen. Einmal Dunkelheit kostet für Erwachsene 8 Euro, für Kinder 4 Euro. Dunkelheit ist kostbar und schwer herzustellen. Die Betreiber kämpften lange gegen Restlicht, das durch kleinste Ritzen in die Halle fallen kann. Thomas Merbt, dem Initiator und Führer durch die Dunkelheit, würde es natürlich nicht auffallen, denn er ist blind. Er sieht nicht, aber er führt dennoch rücksichtsvoll durch die Räume, steht allen Unsicheren zur Seite und behält die Gruppe gut im Auge. „Blinder als blind ist der Ängstliche“, sagte Benjamin Franklin, und in der Tat tapsen manche Besucher ziemlich verstört und ohne Mut durch die Dunkelheit. Es soll sogar schon solche gegeben haben, die im Dunkeln solche Angst bekamen, dass sie wieder umgedreht sind. Dabei gibt es nichts zu befürchten. Man lernt in Sekundenschnelle, sich auf andere Wahrnehmungen zu konzentrieren, auf den Tastsinn und den Geruch. Die Besucher bekommen Besen und müssen ertasten, für was welcher Besen und welche Bürste tauglich ist. An der Wand werden Sprüche abgetastet und für manche sehenden Besucher ist es nicht leicht, im Dunkeln Buchstabenkärtchen zu einem Wort zu legen oder zu erschnuppern, was sich in kleinen Beuteln befindet. Höhepunkt ist das gemeinsame Sitzen an der Bar. Man bekommt Getränke und muss sie im Dunkeln bezahlen. Unwillkürlich gestikuliert man beim Reden wie sonst, als ob das jemanden interessieren würde. Und doch: Alle reden leiser, als wolle man die besondere, ruhige und eindruckslose Atmosphäre nicht zerstören. Das Dunkelkaufhaus tut gut. Es ist unglaublich entspannend, einmal nicht von Reizen überflutet zu werden, sich auf wenige Eindrücke zu konzentrieren, vor sich hin ins Nichts zu starren, statt sich Gedanken zu machen, ob man die korrekte T-Shirt-Farbe zur Hose gewählt hat. Die Eitelkeit wird vor der Türe abgegeben.

Adresse:
Dunkelkaufhaus Wetzlar e. V.
Karl-Kellner-Ring 48–50
35576 Wetzlar

Öffnungszeiten:
Führungen finden täglich, auch samstags und sonn- und feiertags um 17 Uhr statt, Donnerstag zusätzlich um 18 Uhr.

Anfahrt mit öffentlichen Verkehrsmitteln:
Ab dem Bahnhof Wetzlar etwa 10 Minuten zu Fuß.

Kuriositäten in der Nähe:
- Phantastische Bibliothek Wetzlar
- Schienenfahrrad für den Untertagebetrieb im Grubenbahnmuseum in Oberbiel
- Sülzkotelettschalen im Psychiatriemuseum Herborn

Die Welt steht Kopf

Das Harlekinäum in Wiesbaden-Erbenheim

Schon das Betreten des ehemaligen Bauernhofes, in dem das Harlekinäum untergebracht ist, zeigt, dass Humor bedeutet, die Welt anders zu sehen. Auf dem Rand eines ehemaligen Misthaufens sitzt eine Spinne. Ihr schlanker, hölzerner Körper mit sechs Drahtbeinen mündet in einen ausgebleichten, roten Gummipopo: Einen Abflusspümpel. Umgekehrte Gießkannen stehen auf drei grünen Plastikbeinen. Hinter einem geöffneten Tor stehen Gestalten aus gepressten Abfällen. Eine Art Gartenlokal bietet Zwiebelsuppe an. An der Wand hängt ein Ölgemälde eines Generals, der einen Zwiebelkopf trägt. Aus Plastikzwiebeln sind Gesichter wie von Archimboldo modelliert. Ein auf den Kopf gestellter Baum trägt an seinen Astfüßen verschiedene ausrangierte Schuhe.

Das Museum selbst befindet sich im Wohnhaus des Gehöfts. Wer es betreten möchte, muss zuerst Funtoffeln überziehen. Dann geht es in einen dunklen Flur, von dem die Ausstellungsräume abgehen. In den meisten werden Artikel der Firma Harlekin-Geschenke präsentiert: Da gibt es Kondome mit pubertär-witzigem Aufdruck wie etwa ein BMW-Emblem mit der Aufschrift „B-ums M-al W-ieder" und anderen Geschenkartikeln, die typischerweise zum 18. Geburtstag oder Junggesellenabschied verschenkt werden, wie Peniswärmer mit Fußballbommeln, Lufthansa-Firmenschilder mit kopulierenden Kranichen oder Spiegel mit der Aufschrift: „Man oft the year". Harlekin-Geschenke regen an zu gesunder Lebensweise. Ein

Harlekin

Natürlich steht im Harlekinäum auch ein Harlekin. Jeder erkennt ihn. Er hat eine weiße Maske auf und trägt ein kariertes, weites Kleidungsstück mit Puffärmeln und Pumphose. Aber woher kommt diese Figur? Berühmt geworden ist sie durch die Commedia dell'arte, Wandertheatern in Italien. In der Commedia dell'arte kommen zwar auch zwei bürgerliche Rollen vor, die des Dottore, eines dummen, aber eingebildeten Gelehrten, und die des Pantalone, eines stinkreichen venezianischen Kaufmanns. Wichtiger aber sind die Diener. Der Diener des Pantalone ist der Arlecchino, der Harlekin, ein genussfreudiger Angeber aus der Kleinstadt, der sich in Venedig als Diener verdingt hat und in jedes Fettnäpfchen tritt, sich aber elegant und mit Witz wieder aus jeder Schwierigkeit herausmanövrieren kann. Dieser Harlekin ist der Liebling des Publikums und wurde in das deutsche Theater als Hanswurst oder Kasper übernommen.

Aschenbecher aus Teer demonstriert, was sich so alles in einer Raucherlunge ablagert und Weingläser mit Stacheldrahtstiel führen die Schmerzhaftigkeit des Alkoholismus vor Augen. Es gibt Tassen mit zwei Henkeln, Kerzen in Zahnform, Suppenteller mit Ablaufstöpsel, bemalte Wärmflaschen, Kleiderbügel wahlweise mit Busen oder Pimmel, Keramikhände, Stempel mit Unsinnssprüchen und eine Aufklebersammlung.
Toll anzusehen ist die Badelandschaft, deren sanitäre Einrichtungen mit Plastiktieren dekoriert sind. Hinter Gittern stehen Krokodilhandtaschen und auf Schaufensterköpfen prangen Badekappen mit Plastikschlangen, Fröschen oder mit grinsendem Haigebiss. Plastiklianen geben dem Raum, dessen Decke voller Käseattrappen hängt, Dschungelflair. Im Kreis aufgestellte Toiletten wären ideal für ein Pläuschchen bei der Erledigung kleiner und großer Geschäfte. Doch dazu ist ein eigener Raum gedacht, in dem der Besucher für sich ist und das hauseigene Witzklopapier verwenden darf.
Buchstäblich der Höhepunkt des Museums ist ein Raum, bei dem sich der Boden an der Decke befindet. Betritt man ihn, denkt man, man stünde Kopf. Die Tafel an der Zimmerdecke ist gedeckt mit Schwarzwälder Kirschtorte und Tellern voll Spaghetti. Notizzettel liegen auf dem Tischtuch und Kerzen ragen von oben in den Raum, während auf dem Fußboden ein nach oben ausgerichteter Kronleuchter angebracht ist. Selbst die Heizkörper befinden sich über statt unter den Fenstern und der Kamin hat seinen Abzug nach unten.
Wer sich im Museum gut benommen hat, bekommt zum Abschied ein Firmenpräsent.

Adresse:
Harlekinäum
Wandersmannstraße 39
65205 Wiesbaden-Erbenheim

Öffnungszeiten:
5. April bis 30. August So 11.11–17.17 Uhr.

Anfahrt mit öffentlichen Verkehrsmitteln:
Ab dem Bahnhof Wiesbaden – Mainz – Kastel zuerst mit dem Bus 28 Richtung „Platz der Deutschen Einheit“ bis zur Haltestelle Barbarossastraße (Fahrtzeit: 15 Min.). Dort steigen Sie um in den Bus 15 Richtung Nordenstadt-Westring (Fahrtzeit: 1 Min.) oder gehen wenige Minuten zu Fuß.

Kuriositäten in der Nähe:
- Präzisionssonnenuhrenherstellung bei Helios in Wiesbaden
- Verrückt dekoriertes Wohnhaus in der Mainzer Straße in Bischofsheim
- Spiegelkabinett im Abenteuerland der Sinne in Taunusstein-Wehen

Einbahnstraße des Wahnsinns

Das Curioseum in Willingen-Usseln

Als Museum kann man das Curioseum kaum bezeichnen, auch wenn verschiedene Gegenstände ausgestellt werden. Es ist ein in einer großen Halle mit einer Kuh auf dem Dach untergebrachtes Sammelsurium des Verrückten. Das einzige Konzept scheint die Konzeptlosigkeit. Der Besucher folgt in ausgeschilderter Richtung einer Einbahnstraße, die ihn immer weiter ins Absonderliche führt.
Zu Beginn begegnen den Irdischen Außerirdische. Ein kleiner Alien saugt an einer Wasserpfeife, ein anderer trägt eine Schildmütze mit aufgesticktem Hanfblatt und zieht an einem Joint. Daneben steht eine nackte, ausgesprochen vollbusige Dame, wohl ursprünglich gedacht als Schaufensterpuppe für erotische Dessous, in einem Berg leerer Marlboro-Schachteln. Im Mundwinkel hat sie eine Fluppe. Diese Dame trägt den Titel „vorher". Dem gegenübergestellt ist „nachher": Ein Skelett mit einer knallblauen, wollenen Perücke. Die Einladung zum Nichtrauchen wird unterstrichen, indem hinter dem Skelett ein mit Airbrush auf eine maigrüne Autotüre aufgesprühter, rauchender Lucky Luke zu sehen ist.
Nicht weit von den Rauchern entfernt hat ein alter, hochrädriger, hölzerner Wagen seinen Platz gefunden, an dessen Bremshebel ein futuristischer Metallmensch mit Helm sitzt. Auf der gleichen Präsentationsfläche sind ein Rennwagen, eine Riesentobleroneschachtel und verschiedene Bierfässer zu sehen.

Hallo Amerika, hier Europa

Die erste Verlegung eines Transatlantikkabels war eine Sensation. Das erste Telegramm durch den Atlantik hat 1858 die Britische Königin Victoria an James Buchanan, den Präsidenten der USA gesendet. Die Übertragung lief lange Zeit über Horta, den Hauptort der Azoreninsel Faial. Sie war der Knotenpunkt der telefonierenden Welt. 1929 waren es schon 15 Kabel, die nach Horta führten, wo die Signale verstärkt und weiter durch den Atlantik geschickt wurden.
Sowohl im Ersten als auch im Zweiten Weltkrieg wurde das Kabel gekappt. Inzwischen haben die alten Kupferdrähte ausgedient. Sie wurden durch Glasfasern ersetzt. Diese sind aus Quarzglas hergestellt und viel durchsichtiger als Fensterscheiben. Es wird durch sie nicht Schall übertragen, sondern Licht.

In einer Vitrine sind abartige Einlegearbeiten ausgestellt: Föten im Glas und Dosen, deren Banderole behauptet, sie enthielten Affenhirn und Rattenfleisch. Ob diese Dosen in einem inhaltlichen Zusammenhang zu dem ausgestellten Nasa-Weltraum-Schutzanzug stehen, bleibt der Phantasie der Besucher überlassen.
Recht groß ist die Seefahrtsabteilung mit einer hölzernen Galionsfigur, einem Pfeife rauchenden, vollbärtigen Kapitän aus Pappmaché, einem Schildkrötenpanzer und diversen Modellschiffunikaten. Ein Überseekabel kann ebenso wie ausgestopfte Fische bestaunt werden.
Egal, ob Sie sich für überdimensionale Phallusstatuen, Jukeboxen, alte Jaguars oder den BMW 3.0 CSI interessieren, ob ihre Liebe Eigenbau-, Fendt-, Deutz-, Porsche- und IFA-Traktoren, Nachttöpfen oder Faschingskostümen gilt, das Curioseum bemüht sich, Ihre Wünsche zu erfüllen. Auch wenn Sie sich nicht satt sehen können an Hexenmobilés, Che-Guevara-Taschen und anatomischen Modellen des menschlichen Darms, historischen Feuerlöschern und Kinderfahrzeugen im Feuerwehrautodesign, sind Sie in Usseln richtig. Hier finden Sie Fußbälle und Eisstöcke, Schützenscheiben und Jagdtrophäen und Einachsschlepper, aber auch eine tolle Auswahl historischer Kleinwagen, etwa einen niedlichen William A3, einen blauen, sehr eckigen Sulky, die wenig verkehrssicher wirkende Arola 14 und natürlich die Heinkel-Kabine und einen NSU Prinz. Ein Goggomobil Coupé steht verstaubt in der Ecke.

Adresse:
Curioseum Willingen
Kitsch, Kunst und Krempel
Düdinghäuser Straße 1
34508 Willingen-Usseln

Öffnungszeiten:
Mai bis Oktober täglich 10–18 Uhr; November bis April: Sa und So 10–17 Uhr, in Ferienzeiten und an Feiertagen 10–18 Uhr.

Anfahrt mit öffentlichen Verkehrsmitteln:
Ab dem Bahnhof Willingen mit dem Bus R 46 Richtung Medebach oder ab Korbach mit dem Bus 507 bis zur Haltestelle „Usseln - Katholische Kirche“. Folgen Sie dann den Schildern Richtung Düdinghausen. Etwas weiter ist der Weg, wenn man vom Bahnhof in Usseln aus zu Fuß geht (Gehzeit: ca.12 Min.).

Kuriositäten in der Nähe:
- Tower-Climbing auf der größten Outdoor-Kletterwand Europas am Willinger Hochheideturm

Erste Sahne!

Upländer Milchmuhseum in Willingen-Usseln

Wer der ersten offiziellen Etappe der hessischen Milch- & Käsestraße folgt, kommt auf dieser Route auch nach Usseln im Upland. Eine Reise durch das Land, in dem mehr Milch als Honig fließt, verspricht das Milchmuhseum. Die weiße Säugetiererstlingsnahrung – in diesem Fall speziell vom und ursprünglich für das Rind – spielt hier eine Hauptrolle. Und das ehemalige Molkereigebäude bietet dafür selbstverständlich die ideale Bühne.
Die Milchproduktion und Verarbeitung zu Milchprodukten wird anhand vieler Gerätschaften und Schautafeln erklärt, selber melken darf man auch. Die willig bereitstehende Sperrholzkuh, die nicht muht, sondern immer freundlich-verschmitzt lächelt und mit Gummieuter ausgestattet ist, macht zwar keinen realistischen Eindruck, die Handmelktechnik kann man an ihr aber gut demonstrieren und vor allem Kinder finden sie kuhl. Und, wer weiß? Bei der nächsten Expedition zu Kuriositäten im ländlichen Raum kann es nur von Vorteil sein, wenn man es schafft, seinen Durst bei einer Kuh zu stillen, die stillfähig ist.

Butter, ein besonderes Speisefett

Vermutlich wird Butter schon seit vielen Jahrtausenden hergestellt und verzehrt, sichere Hinweise hierzu liefern altägyptische Grabfunde.
Die Verwendung von Butter bei den nordischen Völkern wird um das Jahr 450 durch irische Kelten belegt. Hierbei handelte es sich allerdings um eine für uns ungewöhnlich anmutende Butterversion, die Sumpfbutter: Man füllte Butter in Tongefässe oder Fässer und versenkte sie im Moor. Nach sieben (!) Jahren wurde das ranzige und scharfe Zeug dann bei einem Fest als besondere Delikatesse verzehrt.
Eine bedeutend appetitlichere Konservierungsmethode stellt das Salzen der Butter dar. In früheren Zeiten war dies die beste Möglichkeit, Butter länger haltbar zu machen. Butter galt sehr lange als rar und als purer Luxus bei Hofe; sie wurde oft kunstvoll verziert und als eigenständiger Gang mit Brot serviert.
In der Antike verwendeten die Griechen und Römer Butter auch als Heilsalbe und zu kosmetischen Zwecken, als Butterschmalz fand sie neben Olivenöl außerdem in der Küche Verwendung.

Die Mitglieder des Milchmuseums e.V. haben sich bei der Einrichtung des Muhseums viel Mühe gegeben und im früheren Kühlraum befindet sich nun sogar ein kleines Kino, es wird unter anderem ein Dokumentationsfilm zur Geschichte der Milchwirtschaft im Upland vorgeführt.
Exotische Milchgefäße aus verschiedenen Ländern zeigen in Vitrinen, wie mit Milch in anderen Kulturen umgegangen wird. Das Rind in der Kunst – auch ihm wird mit einigen ausgewählten Kunstgegenständen, zum Beispiel mit Kuhskulpturen, Rechnung getragen. Anregung für das Basteln mit Abfällen bietet der ausgestellte, elektrifizierte, leuchtende Milchkarton.
Um noch besser über die einheimische Milcherzeugung zu informieren, bietet das Muhseum Führungen für bis zu 35 Personen an. Vom Ursprung der Milch bis zu modernen Molkereien, angeboten wird eine mit Anekdoten und Legenden gespickte Reise in die Milchgeschichte.
Führungen werden auch für Vorschulgruppen, Schulklassen oder den Kindergeburtstag angeboten. Im Anschluss gibt es frisches Butterbrot mit selbstgeschlagener Butter aus der Milch von glücklichen Upländer Kühen. Sie sind nicht eckig und haben keine blauen Euter, auch wenn das Museumslogo das nahelegt.
Für Menschen ohne Zeit oder ohne Muskeln gibt es auch fertige Butter im Bauernladen, und im Museumscafé die als Nebenprodukt entstandene Buttermilch, mit Früchten versetzt, aus dem viereckigen Kartonpack mit den blauen – nicht lila – Flecken. Man sitzt auf dem Mobiliar nicht sonderlich bequem, aber thematisch passend: auf Melkschemeln.

Adresse:
Upländer Milchmuhseum
Korbacher Straße 6
34508 Willingen-Usseln

Öffnungszeiten:
Februar bis Oktober Di–Fr 10–17 Uhr, Sa und So 11–17 Uhr; November bis Januar Di–Fr 15–17 Uhr, Sa und So 11–17 Uhr.

Anfahrt mit öffentlichen Verkehrsmitteln:
Von Willingen Bahnhof mit dem Bus R46 Richtung Medebach-Marktplatz bis Willingen-Usseln Mitte (Fahrtzeit: ca. 9 Min.).

Kuriositäten in der Nähe:
- Mühlenkopfschanze in Willingen
- Wasserfall im Abenteuerland „Fort Fun" bei Dörnberg

Steuerfreie Dopingmittel

Grimm & Triepel in Witzenhausen

Bei Familie Kruse ist eine alte handwerkliche Tradition lebendig geblieben. Wie vor 150 Jahren wird in der einzigen Kautabakmanufaktur Deutschlands ein eklig klebriges, aber wohlriechendes Zeug hergestellt und vertrieben, welches Nikotinabhängige vor Entzugserscheinungen bewahrt, auch wenn Rauchverbot herrscht. Bergleute, Chemiearbeiter, Forstleute, Seefahrer und alle Menschen, die am Arbeitsplatz nicht rauchen dürfen, können sich mit Kautabak trotzdem einen Kick holen: Kautabak wirkt anregend, sättigend und durststillend bei geringem Nikotingehalt, so die Hersteller.

Man klemmt sich mit Hilfe eines kleinen Holzgäbelchens ein Stück des braunen Schmierzeugs in die Backentasche und kurze Zeit später beginnt es zu wirken. Die Wirkstoffe gelangen über die Schleimhäute und im Speichel in den Körper. Der Kreislauf wird durch Nikotin und Zuckerstoffe angeregt, ein süßlicher Tabakgeschmack verbreitet sich im Mund, für manche Leute bedeutet dies einen wahren Genuss, einigen wird auch schlecht davon.

Die Herstellung von Kautabak ist aufwendig und recht langwierig. Kentucky-Tabake werden zunächst einmal eingeweicht: In Soße! Ja, in Soße, die sogar aus ganz

Tabakprodukte

Zigaretten werden aus ähnlichen Zutaten hergestellt wie der beschriebene Kautabak. Virginiatabak wird mit Würztabaken wie Kentucky- und Orienttabaken gemischt und sauciert. Die Industriesaucen enthalten neben Alkohol, Gewürzen und Aromastoffen aber auch giftige Konservierungsstoffe und chemische Feuchthaltemittel. Ist der Zigarettentabak einmal sauciert, wird er getrocknet und mit Maschinen zur Massenware Zigarette verarbeitet.

Edle Zigarrentabake werden wesentlich behutsamer vorbereitet, sie werden nicht sauciert, vielmehr findet eine recht komplizierte Fermentationstechnik Anwendung. Tabakblätter werden auf Haufen gestapelt, in denen ein langsamer biologischer Prozess ähnlich der Kompostierung im heimischen Garten stattfindet. Nur wird beim Tabak der „Kompostierungsvorgang" durch Umschichtung der Tabakhaufen reguliert, die Fermentationstemperatur kontrolliert und der Zersetzungsprozess zu dem Zeitpunkt durch Trocknung angehalten, an dem der Tabak „gereift" ist. Dann können die Tabakblätter zu Zigarren verarbeitet werden.

appetitlichen Zutaten zusammengebraut wird. In Jamaika-Rum, Madeira und Samoswein kommen Früchte, wie zum Beispiel Pflaumen, Rosinen und Feigen als Vitaminträger. Dazu kommen Honig, Kandissirup und Traubenzucker als Extrakalorien. Zusätzlich enthält die Soße Gewürze wie Nelken, Zimt, Lorbeerblätter, Anis. Um das Endprodukt bekömmlicher zu machen, wird auch Lakritze hinzugefügt. Das ganze Rezept wird aber nicht preisgegeben, es handelt sich um ein wohl gehütetes Geheimrezept, das ein bisschen an den Zaubertrank des Druiden Miraculix erinnert. Davon, dass der Konsum übermenschliche Kräfte verleiht, ist jedoch nichts bekannt. Trotzdem ist die Mixtur lebensmittelrechtlich streng geprüft und genehmigt worden; sie unterliegt regelmäßiger amtlicher Überwachung.
Nachdem der Tabak in einem langen Fabrikationsvorgang mehrfach gesoßt wurde, wird er von Fachfrauen zu Strängen geformt und noch einmal zwei bis drei Monate zum Reifen in die Soße gehängt. Dann endlich kann er in mundgerechte Stücke geschnitten, und verpackt werden. Nur der Kautabak für die saarländischen Bergleute wird nicht endbearbeitet, auch den letzten Reifeprozess überlässt man diesen Endabnehmern, die ihren Kautabak in handtellergroßen Schnecken geliefert bekommen, um ihn selber noch einmal im heimischen Druidenkessel einzulegen.
Das fertige Produkt kann man über den Tabakfachhandel oder direkt bei Grimm & Triepel bekommen. Sehr teuer ist Kautabak auch nicht, da er nach alter Väter Sitte steuerfrei ist. Diese Regelung wurde ursprünglich für die Bergleute eingeführt und hat sich bis heute erhalten.

Adresse:
Grimm & Triepel
Kruse-Kautabak GmbH
Walburger Str. 48
37213 Witzenhausen

Öffnungszeiten:
Mi zwischen 14 und 16 Uhr; Führungen für Gruppen gibt es nach Voranmeldung ab 45 €, Terminvereinbarung über Heidrun Kruse, Tel. 0 56 52 44 75 oder per E-Mail: service@kruse-kautabak.de.

Anfahrt mit öffentlichen Verkehrsmitteln:
Vom Nordbahnhof Witzenhausen mit dem Stadtbus Linie 3 bis zur Haltestelle „Walburger Straße“ (Fahrtzeit: 10 Min.).

Kuriositäten in der Nähe:
- Deutsches Froschmuseum in Witzenhausen-Dohrenbach

Ortsregister

Die kursiv gesetzten Orte sind Hinweise auf Kuriositäten in der Nähe